KB239079

중앙은행의
결정적
한마디

중앙은행의 결정적 한마디

통화정책과 미디어 커뮤니케이션의 관계 분석

CENTRAL BANK COMMUNICATION

방현철 지음

이콘

2013년 4월 11일, 그리고 5월 9일. 서울 소공동 한국은행(한은) 1층에 있는 기자실은 각각 '금리 동결' '금리 인하'란 금리 결정 소식에 술렁였다. 4월에는 기자실에 있는 대부분의 기자들과 시장 참가자들이 '인하'를 점쳤는데 '동결' 결정을 내렸고, 5월은 그 반대였기 때문이다.

한은은 매달 둘째 주 목요일에 그달의 기준금리 결정을 위한 금융통화위원회(금통위)를 연다. 오전 9시에 시작한 회의 결과는 오전 10시 10~20분 사이에 기자실에 통보된다. 그러고 나면 기자들은 분주하게 전화통을 잡고 금리 결정 내용을 시장에 알리고, 인터넷으로 소식을 뿌린다. 방송사는 뉴스 스튜디오와 실시간으로 전화 연결을 하기도 한다. 그리고 11시 20분쯤 한은 총재는 기자실에 내려와 그날 금통위 회의 결과를 브리핑한다.

통상 기자실은 금리 결정에 놀라지 않는다. 이미 사전에 한은 총재가 시장에 시그널(신호, Signal)을 주거나, 그렇지 않아도 경제 지표들을 보면 대충 어떤 결정을 할지 감^感이 잡히기 때문이다. 또 '인상' '인하' '동결'이라는 세 가지 결정 중에 보통은 '동결' 결정이 나온다. 우리나라에서 금리 변화를 주는 것은 드문 일이기 때문이다.

하지만 두 달 연속 시장의 예상과 다른 '충격적^{surprise}'인 금리 결정이 나오는 것은 흔한 일은 아니다. 4월에는 금융투자협회가 조사한 200여 명의 시장 참가자 중에서 57.9%가 한은이 기준금리를 인하할 것으로 전망했다. 그렇지만 결과는 '동결'이었다. 그렇게 되자 5월엔 시장 참가자 중 71.3%가 금리 '동결'을 전망했다. 결과는 '인하'. 이런 예상하지 못한 결과에 시장금리는 요동을 쳤다. 채권 시장에서 3년 만기 국고채금리는 4월 11일 하루 만에 0.15%p가 올랐다. 5월 9일에는 하루 사이에 0.09%p가 떨어졌다. 채권 시장은 하루에 0.01~0.02%p가 움직이는 시장이다. 한은이 시장과 다른 금리 결정을 하면서 통상 움직이는 규모의 10배 정도 금리를 움직이게 만든 것이다.

4월에 금리 동결에 베팅했다가 5월에 인하에 베팅한 투자자들은 큰돈을 벌었지만, 그렇지 않은 투자자들은 큰돈을 잃었다. 통상 채권은 시장에서 100억 원 단위로 거래하기 때문에 금리가 0.01~0.02%p 정도만 움직여도 3년 만기 채권 가격은 100억 원당 300~600만 원이 왔다 갔다 한다. 그래서 예컨대 금리가 0.15%p 상승하면 조 단위로 채권을 운용하는 증권사 한 곳당 하루에 20~60억 원의 평가 손실을 볼 수 있다. 한은은 두 달의 금리 결정을 통해 시장에 쓸데없는 충격을 주지 말라는 현대 중앙은행 커뮤니케이션의 '제1원칙'을 저버린 셈이다.

김중수 한은 총재는 5월 9일 기자회견에서 전달 기자회견에서 했던 얘기들을 뒤집으면서 한 달 만에 180도로 바뀐 금리 결정의 이유를 설명했다. 한 달 전만 해도 우리나라는 미국, 유럽, 일본 등 기축통화를 가진 나라와 같이 금리를 낮출 수는 없다고 했다. 그렇지만 5월엔 유럽중앙은행ECB, European Central Bank이 같은 달 초반에 기준금리를 낮춘 것을 들어 당시의 금리 인하가 필요하다고 했다. 또 한 달 전에는 하반기가 되면 물가 상승 우려가 크고 당시에도 기대인플레이션 수준이 높은 것을 걱정했는데, 5월에는 물가 걱정이 크지 않다는 취지의 얘기를 했다. 일관성 있는 커뮤니케이션을 해야 한다는 또 하나의 중앙은행 커뮤니케이션의 원칙이 훼손된 것이다. 중앙은행이 일관된 얘기를 해야 시장의 신뢰가 쌓인다는 점을 고려하면 말을 자주 바꾸는 것은 중앙은행의 신뢰를 갉아먹는 것이라고 할 수 있다.

더구나 김총재는 두 번의 금리 결정 사이인 4월 25일 열린 국회 업무 보고에서는 "신호를 잘못 준 적이 없다. 시장이 내 말을 믿지 않았을 뿐"이라고 말하기도 했다. 시장이 받아들이지 않는 신호를 보냈다는 말은 어떻게 생각하면 총재가 스스로 통화정책의 커뮤니케이션에 실패했다는 것을 자인한 셈이다.

이렇게 국내에서 통화정책의 커뮤니케이션이 우왕좌왕하고 있는 사이 선진국들은 어떻게 움직이고 있었을까?

2012년 6~7월은 재정 위기에 시달리고 있던 그리스가 유로존(유로를 사용하는 17개국)에서 탈퇴할 가능성이 흘러나오면서 유로존이 위기로 치닫고 있었다. 그런데 2012년 7월 26일 마리오 드라기Mario Draghi ECB 총재는 "ECB는 유로를 지키기 위해 무엇이든 할 것입니다(The ECB is ready to do whatever it takes to preserve the euro)"라는 말 한마디로 시장을 안정시켰다. 드라기 총재의 한마디 이후에 ECB에 도전해서 유로 불안에 베팅하는 투기 세력이 사라졌다는 것이다.

미국 중앙은행인 연방준비제도이사회(연준·Fed, Federal Reserve System) 의장인 벤 버냉키Ben Bernanke는 2013년 초반 시장에서 양적완화(QE, Quantitative Easing: 중앙은행이 채권을 매입해서 돈을 푸는 것) 축소 가능성을 두고 논란이 벌어지면서 주가지수가 떨어지는 등 불안한 모습을 보이자 2013년 2월 26일 상원에 출석해 "(양적완화 조치로) 일부 금융시장에서 생기는 위험에 대한 잠재적인 비용이 경제 회복세를 강화하는 이득을 넘어선다고 보지 않습니다"라고 양적완화를 계속하겠다는 메시지를 시장에 보내 시장을 안정시켰다. 다시 몇 개월이 지나 고용 지표가 회복되면서 경기가 호전될 기미를 보이자 2013년 5월 22일 버냉키 의장은 의회에 출석해 "'앞으로 몇 번의 회의next few meetings'에서 자산 매입 속도를 줄이는 결정을 할 수 있다"며 시장에 미리 양적완화 축소에 대비하라는 신호를 분명하게 보냈다.

중앙은행 업계에서 더 이상 과거 폴 볼커Paul Volcker 연준 전 의장의 '고집불통'이나 앨런 그린스펀Alan Greenspan 전 의장의 '웅얼거림'은 미덕이 아니게 됐다. 일반 대중과 시장을 향해 분명하고 강력한 메시지를 던지는 게 새로운 '표준'이 됐다. 왜냐하면 일반 대중과 시장과의 커뮤니케이션을 통해 기대를 변화시키는 게 더 효과적이라는 인식이 확산되고 있기 때문이다. 점점 더 통화정책의 수단은 '말로 하는 것verbal'으로 바뀌고 있다. 우리 속담에도 '말로 천 냥 빚을 갚는다'고 하지 않았는가?

특히 이렇게 말로 기대를 움직이는 통화정책은 글로벌 금융위기 이후 확산되고 있다. 선진국의 경우 제로금리까지 기준금리를 떨어뜨리면서 사실상 기준금리를 조정하는 전통적인 통화정책 수단이 사라져 버렸기 때문이다. 과거라면 '확장' 신호를 보내기 위해 기준금리를 내렸고, '긴축' 신호를 보내기 위해 기준금리를 올렸지만 이젠 그런 수단을 쓸 수 없게 되니 오로지 말에 의존해서 일반 대중과 시장의 기대를 움직일 수밖에 없게 된 것이다.

어쩌면 중앙은행들은 글로벌 금융위기 이후 커뮤니케이션에 의존해서 일반 대중과 시장의 기대를 바꾸는 '위험한 도박'을 하고 있는지도 모른다. 어느 날 갑자기 일반 대중과 시장이 '현실은 중앙은행이 얘기한 것과 다르다'라고 인식하는 순간 모든 게 '물거품'처럼 사라질 수 있기 때문이다. 글로벌 금융위기라는 초유의 사태를 맞아 전 세계를 상대로 실험을 할 수밖에 없는 중앙은행의 고충이 충분히 이해가 된다. 오히려 저자는 이 '도박'이 성공하기를 바랄 뿐이다.

현재의 이같이 말을 중심으로 하는 중앙은행 커뮤니케이션 전략이 성공했는지는 앞으로 '출구전략(시중에 풀린 돈을 회수하는 조치)'을 펼 때 다시 평가할 수 있을 것이다. 경기 회복 속도에 맞춰 기대인플레이션이 과도하게 오르지 않게 관리하고 금융시장의 '패닉'을 막으면서 긴축적인 통화정책으로 돌아설 때가 언젠가 올 것이기 때문이다. 그럴 때에도 중앙은행이 말로 일반 대중과 시장의 기대를 적절하게 가이드하면서 경제에 충격을 주지 않고 바라는 대로 정책 목표를 달성할 수 있을지는 아직은 미지의 영역이다.

다만 분명한 것은 통화 완화적인 정책을 펴든 통화 긴축적인 정책을 펴든 통화정책의 커뮤니케이션 전략이 성공하기 위해서는 중앙은행에 대한 '신뢰credibility'가 중요하다는 것이다. 중앙은행이 하는 말 talk이 효과적이게 되려면 그 말을 듣는 사람들이 중앙은행을 믿어야 한다. 일반 대중과 시장이 중앙은행이 옳은 일을 하고 있다는 신뢰를 갖고 있다면 정책 불확실성에서 오는 시장의 불안감은 최소화할 수 있을 것이다.

이 책은 이런 맥락에서 중앙은행 통화정책의 미디어 커뮤니케이션에 대해서 다루려고 한다. 1장에서는 선진국 중앙은행들이 1990년대 이후 어떻게 일반 대중과 시장에 대한 커뮤니케이션을 강화해왔는지 각종 사례를 중심으로 알아본다. 2장에서는 보다 구체적으로 글로벌 금융위기 이후 미국, 유럽, 일본 등의 선진국 중앙은행들이 새롭게 도입한 커뮤니케이션 방법들에 대해서 살펴본다. 3장에서는 우리나라의 중앙은행인 한은의 금리 결정 내용이 미디어에 반영되도록 하는 결정 요인은 무엇인지 분석해보려고 한다. 4장에서는 그렇게 미디어에 반영된 금리 결정 내용이 일반 대중과 전문가의 기대인플레이션에 어떤 영향을 미치는지 분석했다. 5장에서는 한은의 미디어 커뮤니케이션 사례를 알아보고 어떤 시사점을 얻을 수 있는지 그간 발생한 이벤트(사건)를 분석하는 방식으로 서술했다.

이 중 3장과 4장은 저자의 박사학위(경제학) 논문의 일부를 보완하고 수정한 것이다. 국내에서 통화정책과 미디어 커뮤니케이션의 관계를 본격적으로 분석한 논문은 흔하지 않아서 독자들에게 이 자리를 빌어서 저자의 논문을 소개하기로 했다. 3장 중 일부 내용은 학술지인 『금융연구』에 '통화정책과 커뮤니케이션: 금통위의 의사결정이 미디어의 금리 결정 보도에 미치는 영향'이라는 제목으로 소개되기도 했다.

이 책은 통화정책의 최근 흐름에 대해 관심이 많은 학자, 학생, 중앙은행원, 금융회사 종사자, 언론인 등을 주요 독자로 상정했다. 또 글로벌 금융위기 이후 세계 경제의 파수꾼 역할을 하고 있는 전 세계 주요 중앙은행들 내부에서 어떤 일이 벌어지고 있는지 궁금해 하는 분들도 독자로 상정했다. 물론 경제에 관심이 많은 일반 독자들도 읽을 수 있는 책이다. 특별히 일반 독자들도 쉽게 접근할 수 있도록 되도록이면 쉬운 용어를 사용하고 내용도 쉽게 풀어 쓰려고 했다. 하지만 3장과 4장에서는 계량경제학적 분석 방법을 사용하는 등 전문적인 내용도 들어 있다. 일반 독자들의 경우에는 계량경제학적 분석 등 전문적인 내용이 어렵다고 생각된다면 3장과 4장 중 분석 내용은 건너뛰고 사례 중심으로 기술된 부분만 읽어도 무방하다.

저자가 지인들과 중앙은행의 커뮤니케이션에 대해서 얘기하다 보면 대부분의 사람이 "중앙은행이 홍보를 강화해서 뭐 하나? 총재 이미지 관리하라는 얘기인가"라는 질문을 한다. 그러나 중앙은행의 미디어 커뮤니케이션이 홍보라고 일차적으로 받아들이는 상식과는 달리 중앙은행 통화정책의 미디어 커뮤니케이션은 통화정책이 경제에 파급되는 중요한 경로다. 중앙은행이 미디어 커뮤니케이션을 통해 일반 대중과 시장 참가자의 기대에 영향을 주고 그것이 다시 이들 경제주체의 경제적인 행위에 영향을 주기 때문이다. 중앙은행의 미디어 커뮤니케이션이 총재의 대외 이미지 관리나 한은이 일반 국민에게 '좋은 기관'으로 보이도록 하는 사적私的인 홍보수단이 아니라 통화정책의 효율적 수행이라는 공적公的 수단인 점을 분명히 하고 싶다. 이 책이 우리 사회가 중앙은행 통화정책의 미디어 커뮤니케이션의 중요성에 대해서 다양한 방면에서 고민할 수 있는 계기가 됐으면 하는 바람이다.

2013년 9월

방현철

제1장

어떻게 통화정책에서 미디어 커뮤니케이션이 핵심적인 도구가 되었나?

CENTRAL BANK COMMUNICATION

미국 중앙은행 98년 역사상 첫 기자회견

말 한마디로 시장을 휘어잡은 드라기 유럽중앙은행 총재

'신비주의'를 벗어버린 중앙은행, 그들의 변신은 무죄?

투명한 중앙은행의 출현은 '소리 없는 혁명'

통화정책 수행의 핵심 도구로 등극한 '커뮤니케이션'

미디어가 중앙은행 커뮤니케이션의 핵심 매개체로

통화정책의 미디어 커뮤니케이션이 얼마나 효과가 있나?

미국 중앙은행 98년 역사상
첫 기자회견

2011년 4월 27일 오후 2시 15분[1] 벤 버냉키 미국 연준 의장이 기자회견장에 들어서자 카메라 라이트가 번쩍였다. 미국의 수도인 워싱턴 D.C. 연준 본부에 마련된 기자회견장에는 60여 명의 기자들이 노트북을 켜고 버냉키 의장을 기다리고 있었다.

"안녕하십니까? 환영합니다."

회색 정장에 짙은 갈색 넥타이를 맨 버냉키 의장이 인사를 했다.

---

1. 기자회견 시간이 2시 15분으로 잡힌 데는 이유가 있다. 기자회견이 없었던 때 FOMC 결정문이 배포되던 시간이 2시 15분이기 때문이다. 연준은 기자회견이 있는 FOMC 회의 때는 결정문을 12시 30분에 배포하고 회견을 2시 15분에 시작하기로 했다.

1913년 연준이 처음 설립되고 나서 98년 만에 처음으로 의장이 통화정책 결정을 위한 연방공개시장위원회FOMC, Federal Open Market Committee가 끝난 후에 기자회견을 연 것이다. 그동안 연준 의장은 의회 청문회, 각종 강연 등을 통해 자신의 의견을 피력했지만, FOMC 결과를 설명하는 기자회견은 열지 않았었다. 파이낸셜타임스FT, Financial Times는 짓궂게도 이날 소식을 전하면서 '버냉키 의장이 연준의 역사를 만들었지만, 뉴스를 만들지는 못했다'라고 제목을 뽑았다.

버냉키 의장은 이후 매 분기에 한 번씩 일 년에 네 번 기자회견을 열고 있다. 매달 금통위가 열리는 한국과 달리 미국의 FOMC는 일 년에 여덟 번 열린다. 그래서 연준 의장의 기자회견은 여덟 번의 FOMC 중 네 번만 열리게 된다. 기자회견은 기자들의 질문과 대답 시간이 있기 때문에 다른 커뮤니케이션 수단보다 훨씬 중요하다. 기자들은 일반 대중과 금융시장이 궁금해하는 부분에 대해 버냉키 의장에게 질문을 던진다.

버냉키 의장의 첫 기자회견이 있던 날, 그가 FOMC에서 결정한 통화정책에 대한 설명에 할애한 시간은 10분 남짓이었다. 전체 기자회견은 한 시간 정도 진행됐는데, 나머지 시간은 기자들의 질의와 버냉키 의장의 응답으로 채워졌다. 이날은 18명의 기자가 질문을 했다.

"의장님, 우리는 내일 발표 예정인 1분기 GDP 수치가 매우 취약할 것으로 보고 있습니다. 또 이번 FOMC 회의에선 위원회 자체의 올해 성장률 전망도 낮췄습니다. 통화 완화와 급여세(한국의 국민연금, 고용보험, 납부금 등에 해당) 감면에도 불구하고 올 초부터 미약한 성장을 보이는 원인은 무엇이라고 보십니까? 올해 GDP 전망을 낮춘 배경은 무엇입니까?"

첫 질문은 성장률 전망에 관한 것이었다. 버냉키 의장은 "당신이 맞습니다. 우리는 아직 (내일 발표될) GDP 수치를 보지 못했습니다만, 대부분의 민간 부문 분석가들의 전망과 같이 1분기에 2%가 안 되는 상대적인 미약한 수치를 전망하고 있습니다"라며 대답을 이어나갔다. 그는 전망이 어두운 이유에 대해 예상에 못 미친 국방비 지출, 수출 둔화, 기상조건 악화 등을 들고, 그럼에도 이런 이유는 단기적인 영향에 그칠 것으로 생각한다고 설명했다.

이런 식으로 질문과 대답이 이어졌다. 기자들의 질문은 출구전략의 시기, 달러 약세에 대한 견해, 국제유가와 식료품 가격 상승에 대한 대책, 노동시장 상황에 대한 견해, 국제 3대 신용평가회사인 S&P^Standard & Poor's가 미국의 국가신용등급 전망을 하향 조정한 데 대한 견해 등 다양한 방면에서 이어졌다. 질문자는 뉴욕타임스, 월스트리트저널, 블룸버그, 폭스비지니스 등 미국 언론뿐만 아니라 유럽의 파이낸셜타임스, 일본의 아사히신문 등 외국 언론의 기자들도 있었다. 미국의 통화정책은 세계인들의 관심사이기 때문이다. 아사히신문 기자는 일본 대지진, 유로지역의 재정문제, 중동지역의 정정불

안 등 당시의 불확실성 요인에 대한 평가와 세계 경제에 미치는 영향에 대한 견해를 묻기도 했다.

17번째 질문자였던 CBS의 앤터니 메이슨 기자는 "(연준 의장의) 기자회견 자체가 뉴스입니다. 왜 FOMC 회의 후 기자회견이라는 역사적인 걸음을 내딛는 결정을 한 이유가 무엇인지 얘기해주십시오"라는 질문을 던졌다. 버냉키 의장은 마치 기다렸다는 질문이 나왔다는 듯이 "오, 감사합니다"라며 답변을 시작해 좌중의 웃음을 이끌어 냈다.

"글쎄요. 연준은 지난 몇 년간 투명성을 증진시킬 수 있는 방법을 찾기 위해 노력해왔습니다. 그리고 많은 진전을 이뤘습니다. 과거에는 중앙은행의 신비주의라는 건 중앙은행이 하고 있는 일을 아무에게도 알리지 않는 것이었습니다. 1994년이 될 때까지만 해도 연준은 일반 대중에게 언제 연방기금금리(미국의 정책금리로 한국에선 기준금리에 해당)의 목표를 바꿨는지 공표하지 않았습니다. 그 이후 우리는 많은 진전을 이뤘습니다. 통화정책 결정문을 발표했고, 상세한 내용이 담긴 의사록을 회의 후 3주 후에 공개하게 됐습니다. 이제 우리는 장기 목표치에 더불어 단기 전망을 포함해서 분기별 전망치를 제공하고 있습니다. 우리는 각종 강연, 청문회와 같은 중요한 커뮤니케이션 도구를 상당히 갖고 있습니다. 그래서 우리는 매우 투명한 중앙은행을 갖게 된 것입니다. 우리는 재닛 옐런Janet Yellen 부의장의 지휘 아래 투명성과 책임성 강화를 위해 추가로 무엇을 해야 하는지 고민하는 소위원회를 만들었습니다. 이런 일련의 과정 속에서 기자회견을 시작하게 된 것입니다. 기자회견은 많은 글로벌 중앙은행들이 이미 도입하고 있는 것입니다. 그리고 기자회견은 의장에게 FOMC 회의 자체와 그 회의에서 만들어진 전망에 대해 (연준) 의장이 추가적인 색깔과 내용을 더할 수 있는 기회를 줍니다. 그래서 우리는 기자회견이 연준의 커뮤니케이션을 강화하는 다음 단계라고 생각했습니다. 우리는 앞으로도 중앙은행의 투명성transparency과 책임감accountability을 높일 수 있는 추가적인 방법이 무엇인지 고민할 것입니다. 우리는 이것이 바른길이라고 생각합니다. 저는 개인적으로는 항상 우리가 하고 있는 일을 일반 대중과 시장이 이해하도록 우리가 줄 수 있는 한 많은 정보를 제공해야 한다고 생각하는 사람입니다. 또 우리가 하는 일에 대해서 일반 대중에게 책임감이 있어야 한다고 생각합니다. 지금까지 연준은 오랫동안 이런 일을 해오지 않았습니다. 물론 반론은 항상 있습니다. 리스크라고 한다면 의장이 한 말이 금융시장에 쓸데없는 변동성을 일으킬 수 있다는 것입니다. 또 연준이 기존에 제공하는 정보 외에 추가적으로 의장이 말을 하는 건 필요 없을 수도 있습니다. 우리는 이 같은 것을 고민한 후에도 기자회견을 해야겠다고 결정했습니다. 약간의 위험성에도 불구하고 지금 시점에 보다 많은 정보, 보다 많은 투명성을 제공하고 미디어를 직접 만나는 것이 추가적인 편익을 가져올 수 있다고 판단했기 때문입니다. 앞으로도 우리는 기자회견이 효율적인 도구라는 것을 확신하기 위한 실험을 지속할 것입니다."

버냉키 의장은 약 3분간에 걸친 이 같은 대답에서 미국 중앙은행인 연준이 일반 대중과 시장을 대상으로 한 커뮤니케이션을 강화하기 위해 어떻게 노력해왔는지 축약적으로 설명했다.

이날 기자회견은 연준 역사상 처음 있는 일이라서 언론의 많은 관심을 끌었다. 그러나 기자회견 내용 자체는 당시의 완화적인 정책 기조를 유지할 필요가 있다는 연준의 기존 입장을 재확인하는 수준에 그쳐 시장에 '충격적인' 뉴스는 제공하지는 않았다. 그러나 앞으로 연준의 정책 방향에 대해 시장과 커뮤니케이션이 보다 긴밀하게 이뤄지는 계기가 될 것이라는 평가가 나왔다. 또 기존에 FOMC에 참가하는 지역 연방은행 총재들이 강연 등을 통해 자신의 의견을 피력하는 과정에서 이들은 대부분 '매파(hawks, 강경주의자)'적인 시각을 갖고 있어서 '매파'와 '비둘기파(doves, 온건주의자)'가 섞여 있는 FOMC의 전체 의견이 잘못 전달될 위험이 컸는데 이를 피할 수 있게 됐다는 평가도 나왔다.[2] 버냉키 의장이 기자회견이라는 강력한 커뮤니케이션 도구를 갖게 되면서 균형을 잡을 수 있게 됐다는 것이다. 게다가 청문회는 의원들의 질문 의도에 맞춰 흘러가다 보면 연준의 입장이 방어

---

2. 연준 내 매파와 비둘기파는 공격적인 성향의 매와 평화의 상징인 비둘기의 이미지를 차용해 의견의 차이를 구분하기 위해 사용하는 개념이다. 이들은 인플레이션에 대한 태도에서 입장이 갈린다. 매파는 인플레이션에 대한 걱정이 커서 금리를 높여 인플레이션을 '강경하게' 잡아야 한다고 생각한다. 반면, 비둘기파는 인플레이션에 대해 온건한 태도를 가지면서 오히려 고용을 늘리기 위해 완화적인 통화정책을 펴야 한다고 주장한다. 그러나 절대적인 구분이 있는 것은 아니며 상대적인 입장 차이를 구별하기 위해 사용한다.

적으로 비칠 수 있는데, 기자회견이 TV 화면 등을 통해 중계되면서 버냉키 의장이 직접 일반 대중에게 정책 의도를 설명할 수 있게 됐다고 보기도 한다.

기자회견이 통화정책을 상당히 영향력 있게 커뮤니케이션 할 수 있는 도구이기 때문에 버냉키 의장은 첫 기자회견 준비에 많은 노력을 쏟았던 것으로 알려지고 있다. 그는 사전에 몇 주간 장 클로드 트리셰Jean-Claude Trichet 당시 ECB 총재와 머빈 킹Mervyn King 영국중앙은행 총재의 정기적인 기자회견[3] 비디오를 시청하면서 이들이 기자들의 질문에 대응하는 방법을 연구했다는 것이다. 그 해 2월에 파리에서 있었던 G20(주요20개국) 재무장관, 중앙은행 총재 회의에서는 트리셰 총재와 ECB의 관계자들을 직접 만나 어떻게 기자회견을 이끌어가야 하는지 조언까지 들었다고 한다. 버냉키 총재는 기자회견을 얼마 앞두고는 직원들이 매서운 질문을 하고 답변을 하는 사전 준비 회의도 했다고 알려지고 있다.

---

3. 유럽중앙은행은 유로 통합으로 ECB가 출범하던 1999년 1월부터 통화정책 회의가 끝난 직후 총재가 기자회견을 열고 있다.(Ehrmann and Fratzscher, 2009) 영국중앙은행은 통화정책 결정을 위한 회의 후에 기자회견을 열지 않고 분기별로 1년에 네 번 발간하는 인플레이션 보고서를 내면서 총재가 기자회견을 하는데, 첫 인플레이션 보고서는 1993년에 나왔지만 기자회견은 2003년 8월부터 시작했다.(Lomax, 2005)

말 한마디로 시장을 휘어잡은
드라기 유럽중앙은행 총재

2012년 7월 26일 영국 런던 서부에 있는 유서 깊은 건물인 랭카스터 하우스에서 열린 '글로벌 투자 컨퍼런스'에서 드라기 ECB 총재가 토론자로 참석해서 연설을 하기로 되어 있었다. 랭카스터 하우스는 1825년 조지3세의 둘째 아들을 위해서 지어진 3층 건물로 현재는 영국 외무부가 관리하면서 최고급 국제회의장 등으로 사용되는 곳이다. '글로벌 투자 컨퍼런스'는 영국으로 들어오는 외국인 투자를 북돋우기 위한 행사였지만 드라기 총재는 위기에 처한 유로를 지키기 위해 무슨 말을 해야 할지 고민하고 있었다. 당시는 그리스, 스페인, 이탈리아 등 재정 위기국의 국채금리가 치솟으면서 유로화가 과연 계속 하나의 통합된 통화로 남아 있을지 의문이 제기되던 때였다. 독일 등 채권국과 그리스, 스페인, 이탈리아 등 채무국 사이의 갈등은 최악의 상황으로 치닫고 있었다. 투기 세력은 유로화의 분열에 베팅을 하고 있었다. 견디지 못한 그리스가 유로존에서 탈퇴할 것이라는 그렉시트 Grexit[4]란 말이 유행하고 있었다.

"나는 여러분에게 무슨 메시지를 전달하기를 원하는지 자문했습니

---

4. 그렉시트란 용어는 씨티그룹의 수석 애널리스트인 윌럼 뷰이터(Willem H. Buiter)가 만들어서 2012년 2월 한 보고서에서 사용하면서 널리 퍼지게 됐다고 한다.

다. 나는 여러분에게 제 의견을 받아들이라고 할 수는 없습니다. 실제로 내가 할 수 있는 최선의 일은 프랑크푸르트(여기서는 ECB를 뜻함)에서 유로의 상황을 어떻게 보고 있는지 솔직한 평가를 여러분에게 제공하는 것이라고 생각합니다."

드라기는 그날 유로에 대한 ECB의 시각을 전하겠다는 말로 청중의 주의를 환기했다. 그는 먼저 유로존이 시장이 평가하는 것보다 건강하다는 것을 강조했다. 또 유로존의 금융 상황을 개선하기 위한 노력을 해왔다는 것을 알아달라고 했다. 그리고 유로를 탄생시키게 된 정치적인 유산을 다시 일깨우면서 유로가 예전처럼 각국이 자국 화폐를 발행하던 시절로 되돌아갈 수 없다고 했다. 그리고 드라기는 단호한 한마디를 던졌다.

"ECB는 유로를 지키기 위해 무엇이든 할 것입니다." 그리고 잠시 정적이 흐르고 다시 한마디를 던졌다. "나를 믿으십시오. 충분한 조치를 할 것입니다."

ECB 관계자들은 그날 드라기가 솔직담백한 연설을 준비하고 있다는 얘기는 전해 들었지만, 이렇게 단호하고 분명한 말을 할지는 알지 못했다. 드라기의 한마디는 과거 각국 중앙은행 총재들이 사용하던 모호한 문장과는 확실히 다른 것이었다. 일반 대중과 시장에 '유로는 분열하지 않고 지속된다'는 분명한 메시지를 주겠다는 것이다. 또 투기세력에 대해서 무한정한 힘을 가진 ECB에 도전하지 말라는 경고를 준 것이기도 하다.

드라기의 이 한마디는 언론을 통해서 대서특필됐다. 그리고 유럽의 금융시장은 급속도로 안정을 되찾았다. 이후 6개월여 동안 유로화는 강세의 길을 걷는다. 재정위기 국가의 국채금리도 안정됐다. 7월 연 7%를 육박했던 스페인 국채금리는 3% 이하로 떨어졌고, 이탈리아 국채도 연 5.3%를 정점으로 해서 2% 수준으로 하락했다. 영국 런던에 본사를 둔 세계적인 자산운용사인 슈로더그룹의 마시모 토사토 부회장은 2013년 2월 조선일보와 인터뷰에서 "드라기 총재의 발언 이후 유로의 분열에 베팅하던 유럽의 투기 세력은 더 이상 중앙은행의 권위에 도전하지 않게 됐다"고 했다.

6개월이 지난 2013년 1월 드라기 총재는 FT와 인터뷰에서 "당시 내가 생각한 것은 시장은 ECB의 입장이 무엇인지 알아야 한다는 것이었다"고 말했다. FT는 '유로를 지키기 위해 무엇이든 하겠다'는 발언 이후 잠시 말을 쉬었다가 이어간 것도 사전에 준비된 것이냐는 질문도 던졌다. 그만큼 인상적이었다는 것이다. 그렇지만 드라기 총재는 "아니다. 나는 그렇게 극적인 사람은 아니다"라고 말했다. 말 한마디로 시장을 안정시킨 드라기 총재는 그 이유로 2012년 FT가 선정한 올해의 인물에 뽑혔다.

1999년 유로 통합을 위해 문을 연 ECB 출범 때부터 미디어 커뮤

니케이션은 중시돼왔다. 역사와 경제 환경이 다를 뿐만 아니라 중앙
은행의 통화정책 수행 전통도 서로 달랐던 나라들이 유로라는 하나
의 화폐로 묶이면서 소통의 중요성이 강조됐기 때문이다. 그런데 유
로 사용 국가마다 입장이 다른 것이 표출될 경우 시장에 혼란을 줄
것을 우려해서 ECB는 한목소리를 내는 원칙을 만들어왔다. 그래서
총재의 한마디에 무게가 실리는 것이다.

한편 ECB의 통화정책 발표는 사전에 정해진 순서에 따라서 진행
된다. 오후 1시 45분, 통화정책 결정문이 발표된다. 오후 2시 30분,
총재의 기자회견이 시작된다. 총재 기자회견은 10여 분에 걸쳐 통화
정책 결정 내용을 설명하는 시간이 있고, 그 후 질의와 응답 시간이
이어진다.[5]

드라기 총재도 ECB의 전통에 따라 매월 금리 결정을 위한 회의가
끝난 후에 기자회견을 진행하고 있다. 기자회견 내용은 블룸버그, 로
이터 등 주요 통신사를 거쳐 전 세계에 실시간으로 퍼진다. 또 종이신
문의 분석 기사를 통해서 일반 대중에까지 중요한 내용이 전달된다.

---

5. Ehrmann and Fratzcher(2009)가 2001년 7월~2006년 4월 ECB의 기자회견에 대
해 연구한 결과에 따르면 기자회견은 평균 44분이 소요됐다. 그 중 총재의 모두 발언
은 12분, 질의응답 시간은 32분이 걸렸다. 평균적인 질문의 개수는 16개였다.

'신비주의'를 벗어버린 중앙은행, 그들의 변신은 무죄?

1990년대 전까지만 해도 선진국 중앙은행은 '비밀의 수도원'과 같은 곳이었다. 1913년 세워진 미국의 중앙은행인 연준의 경우 1994년 이전만 하더라도 우리나라의 금통위 격인 FOMC 결과를 발표하지 않았다. 정책금리 목표를 올렸는지 내렸는지 외부에 알리지 않았다는 것이다. 그래서 시장 참가자들은 연준의 FOMC가 어떤 결정을 내렸는지 직접적으로 알 수 있는 길이 없었다. 다만 회의 후 연준이 시장에서 금리를 올리거나 낮추기 위해 채권을 사고파는 행동을 보고 금리 결정 내용을 짐작할 뿐이었다. 그래서 미국에서는 꾸준하게 연준의 행동을 관찰해서 통화정책 결정 내용을 유추하는 'Fed watcher(연준 관찰자)'라는 직업군이 탄생하기도 했다.

1979~1987년 연준 의장을 지냈던 폴 볼커는 FOMC의 금리 결정 내용을 즉시 발표하지 않는 이유에 대해 다음과 같이 얘기한 적이 있다.

> "(연준의) 결정을 즉시 발표하는 것의 위험성 중 하나는, 실제로는 미래의 일들에 의존하는 어떤 행위들을 우리가 공약해버린 것처럼 생각하게 할 수도 있다는 것입니다. 그리고 그 같은 해석과 기대는 우리에게 필요한 정책 유연성을 감소시킬 수 있습니다."[6]

또 1987~2006년 연준 의장이었던 앨런 그린스펀은 같은 맥락에서 1989년 "(금리 결정 내용을) 대중에게 발표하는 것은 정책을 시의적절하게 조정하는 것을 방해할 수 있다"고 말하기도 했다.

과거의 중앙은행들은 자신들의 발표 내용이 앞으로 정책을 펴나가는 데 족쇄가 될지 모른다는 생각을 많이 했던 것 같다. 중앙은행의 말 한마디가 불변의 '금과옥조金科玉條'처럼 여겨질지 모른다는 걱정을 했던 것 같다. 경제가 예기치 않는 방향으로 움직인다면 과거 중앙은행이 내뱉은 말과는 다르게 정책을 펴야 할 수도 있는데, 이렇게 되면 중앙은행의 신뢰가 떨어질 것을 우려한 것이다.

1694년 탄생한 영국의 중앙은행인 잉글랜드은행Bank of England도 오랜 기간 '신비주의'에 둘러싸여 있었다. 한 예로 1929년에 발발한 대공황의 원인을 조사하기 위해 만들어진 영국의 맥밀란 위원회(금융 및 산업위원회)에 당시 잉글랜드은행 부총재 어니스트 하비Ernest Harvey 경이 출석해서 답변했던 내용을 보면 잉글랜드은행이 대중과 대화하지 않겠다는 분위기가 어느 정도였는지 잘 이해할 수 있다.[7] 하비 부총재는 잉글랜드은행이 연차보고서를 낼 것을 검토하지 않느냐는 위원회 소속 한 위원의 질문에 대해 출판을 통해 무엇인가를 공개해야 한다는 생각 자체에 불안한 느낌을 받는다는 답변을 했다. 그러자 위원 중 한 명이었던 유명한 경제학자 케인스John Keynes가 추가 질

6. Blinder et al.(2008, p. 16)

7. Issing(2005)

문을 했다.

케인스: 잉글랜드은행은 어떤 정책을 펴고 있는지 전혀 설명하지 않는다는 것입니까?

하비: 우리는 우리의 정책을 (말이 아니라) 행동으로 실천해왔다고 생각합니다.

케인스: 그렇다면 정책을 결정한 이유는 설명하나요?

하비: 이유를 대기 시작한다는 것은 위험한 일일 것입니다.

케인스: 그렇다면 (통화정책에 대한) 비판을 방어하지도 않나요?

하비: 비판에 대해서 얘기한다면 이 위원회는, 전부 동의하지는 않겠지만, 우리가 방어할 필요성이 있다고 생각하지 않습니다. 우리 자신을 방어한다는 것은 마치 숙녀가 자신의 순결함을 방어하는 것과 마찬가지니까요.

만약 한은의 임원, 아니 어느 나라의 중앙은행 간부가 이 같은 식으로 얘기했다면 '국민을 무시한다'며 엄청난 비난에 직면할 만한 얘기를 아무렇지도 않게 한 것이다. 그런가 하면 1920~1944년 잉글랜드은행 총재로 재임했던 몬터규 노먼Montagu Norman은 '절대로 설명하지 말고, 절대로 사과하지 말라(Never explain, never excuse)'라는 문구를 평생 좌우명으로 삼기도 했다.

하지만 이 같은 1990년대 이전의 '중앙은행의 신비주의'에 대해 모든 사람이 존경의 눈으로 바라봤던 것은 아니다. 유명한 금융경제학자인 칼 브루너Karl Brunner 로체스터대 교수는 다음과 같이 중앙은행의 신비주의를 풍자하는 글을 남겼다.

"중앙은행의 업무는 비밀스러운 기술이라는 인식이 만연해 있다. 오직 소수의 전문가만이 이러한 기술에 접근하여 이를 적절히 구사할 수 있다. 더욱이 그들이 통찰하고 있는 내용을 명확하고 이해하기 쉬운 문장으로 제대로 표현하지 못하는 것을 보면 이러한 기술이 얼마나 비밀스러운 것인지를 알 수 있다."[8]

그러나 중앙은행의 신비주의는 1990년대를 거치면서 탈색돼 갔다. 미국의 경우 1994년 2월부터 기준금리인 연방기금금리의 목표치를 바꾸는 경우 FOMC 회의가 끝난 후 발표문을 공표하기 시작했다. 1997년 8월부터는 발표문에 연방기금금리 목표금리의 수치를 명시하기 시작했다. 2000년 1월부터는 금리 변경을 결정하지 않는 경우에도 FOMC 회의 후에 발표문을 공표하고 있으며, 2002년 3월부터는 찬성과 반대 위원들의 명단을 공개하고 있다. 2005년 2월부터는 FOMC 회의록을 다음 회의 전에 공개하고 있으며, 2011년 4월부터 연준 의장이 기자회견을 열어 미디어에 통화정책 내용을 설명

---

8. Blinder et al.(2008, p. 7)

하고 있다.

EU 회원국들의 통화정책 주권을 이양 받아 설립된 ECB는 여러 나라들의 이해관계가 얽혀 있기 때문에 출범 시기인 1998년 말부터 투명성을 강조하고 있다. ECB는 1998년 12월부터 매월 통화정책을 결정하는 회의가 끝난 후에 총재가 미디어 앞에 나와 정책 결정의 배경을 설명하는 기자회견을 개최하고 있다.

영국의 잉글랜드은행의 경우 물가 목표제를 도입한 1992년부터 물가 목표를 공개하는 등 통화정책의 투명성을 강화하고 있다. 잉글랜드은행은 통화정책을 결정한 직후에는 기자회견을 열고 있지 않지만 1년에 네 번 인플레이션 보고서를 발표하면서 총재가 기자회견을 열어 정책을 설명하는 기회를 갖고 있다. 잉글랜드은행 총재의 기자회견은 2003년 8월부터 시작됐다.

이밖에 주요국의 중앙은행들은 1970년 초반에 기자회견을 시작한 스위스, 1990년대 초반에 시작한 스웨덴을 제외하고는 대부분 2000년대 들어서 총재가 기자회견을 열고 통화정책 결정 내용과 배경을 설명하고 있다.

투명한 중앙은행의 출현은
'소리 없는 혁명'

"중앙은행의 업무수행 방식에 대한 생각은 혁명적revolutionary이라고 말할 수 있을 정도로 변화하고 있다. 비록 이러한 혁명은 조용하고 거의 외부에서 알아채지 못한 채 진행되고 있지만 말이다."

1994~1996년 연준 부의장을 지낸 저명한 금융학자인 앨런 블라인더Alan Blinder 프린스턴대 교수는 2004년 발간한 『소리 없는 혁명The Quiet Revolution』이라는 저서에서 1990년대 이후 중앙은행의 투명성이 강화되는 흐름을 이렇듯 '혁명적'이라고 평가했다. 블라인더 교수는 이 책에서 자신이 2001년 중앙은행의 투명성에 관한 상세 보고서[9]를 작성하는 국제연구팀의 5인 저자 중 한 명이었다는 사실을 전하면서 당시 작성했던 보고서의 서두를 다음과 같이 인용했다.

---

9. 2001년 영국 런던에 있는 경제정책리서치센터(Center for Economic Policy Research)와 스위스 제네바에 있는 국제통화 및 금융연구센터(International Center for Monetary and Banking Studies)에서 발간한 『어떻게 중앙은행이 말하는가How do Central banks Talk?』를 가리킨다. 두 싱크탱크는 1999년부터 소위 제네바 보고서라고 불리는 세계 경제에 관한 보고서를 시리즈로 발간했는데 이 보고서는 그 중의 한 권이다. 당시 보고서 작성에 참가한 학자는 블라인더 프린스턴대 교수와 찰스 굿하트(Charles Goodhart) 런던정경대 교수, 필립 힐데브란트(Philipp Hildebrand) 스위스중앙은행 전 총재, 데이비드 립턴(David Lipton) IMF 부총재, 찰스 위플로즈(Charles Wyplosz) 제네바 국제대학원 교수 등이다.

"중앙은행의 의사소통에 관한 태도와 정책은 근래 수년간 근본적으로 바뀌었다. 얼마 전까지만 해도 중앙은행 세계에서 비밀주의는 당연히 지켜야 할 격언과도 같은 것이었다. 그러나 이제는 추세가 개방성과 투명성 쪽으로 돌아섰음이 분명하다. 세상의 중앙은행들은 자신의 생각을 남들이 잘 알 수 없게 감추기보다는 남들이 자신을 더 잘 이해할 수 있도록 만들기 위해 점점 더 많은 노력을 기울이고 있다."

1990년대 이전 중앙은행이 '신비주의'를 추구하던 시대는 이미 지나가 버렸다는 것이다. 대신 개방성과 투명성이 중앙은행이 지켜야 할 새로운 원칙으로 들어서기 시작했다는 설명이다. 블라인더 교수는 특히 중앙은행의 투명성이란 명확성을 포함하는 개념이라고 설명했다. 중앙은행이 자신의 견해를 분명하고 알기 쉬운 단어와 문장으로 논리정연하게 나타내야 하는 것이야말로 중앙은행의 투명성을 높이는 가장 기초적인 방법이라는 것이다.

1990년대에 시작된 이 같은 중앙은행의 변화는 글로벌 금융위기 이후 가속도가 붙고 있다. 만약 블라인더 교수가 최근 미국이나 유럽의 중앙은행이 전례가 없던 통화정책을 설명하는 기자회견을 자청하고 단호한 어투로 정책 의지를 밝히는 것을 『소리 없는 혁명』 증보판에 추가한다면 이미 10여 년 전에 자신이 묘사했던 '혁명적인 변화'보다 더 빠르게 중앙은행이 변하고 있다고 진단할 것이다.

그렇다면 왜 1990년대에 들어 중앙은행은 보다 더 투명하고, 보다 더 분명하게 통화정책을 일반 대중과 시장에 설명하려고 노력하게 되었을까?

블라인더 교수는 투명성이 '신비주의'를 제치고 중앙은행이 지켜야 할 금과옥조로 등장하게 된 이유를 정치적 요인과 경제적 요인으로 나눠 설명한다.

중앙은행이 투명해야 한다는 정치적 필요성은 중앙은행의 독립성이 강화되면서 그에 따른 민주적 책임성이 뒤따라야 한다는 생각에서 나온다. 중앙은행은 '물가 안정'이라는 목표를 위해 정책금리를 독립적으로 결정할 수 있는 권한을 법적으로 부여받았다.[10] 민주사회에서는 권한이 주어지면 반드시 그에 따른 의무가 동반돼야 한다. 민주사회에서 이런 권한을 부여받았다면 중앙은행은 의회와 국민, 그리고 시장에 대해 자신이 무슨 일을 하고 있는지, 왜 그렇게 하는지를 완벽하고도 정직하게 설명할 의무를 지게 된다는 것이다.

중앙은행의 정치적인 독립성은 비밀주의로는 유지될 수 없다. 인플레이션에 대응하는 금리 인상이라는 인기 없는 결정은 정치인들의 공개적인 각종 공격을 이겨낼 수 없기 때문이다. 대신 투명성을 강화해서 장기적인 경제 안정과 발전을 위해서는 금리 인상이 필요하다는 민주사회의 합의를 이끌어내야만 이 독립성이 유지될 수 있다.

---

10. 대부분 국가의 중앙은행이 '물가 안정'이나 '통화 가치 안정'이라는 목표를 법률적으로 부여받고 있는 데 반해, 연준은 법률적으로 '최대 고용'과 '물가 안정'이라는 두 가지 목표를 추구하도록 돼 있다.

그런데 민주적 책임성은 목표에 대한 명확성과 결정 과정에 대한 투명성이 뒷받침돼야 한다. 즉, 중앙은행이 책임을 완수했다는 것을 평가하기 위한 평가 기준이 명확해야 한다는 것이고, 또 중앙은행의 행동을 투명하게 알 수 있어야 평가 기준과 실제 행동을 비교할 수 있는 것이다.

1990년대 들어 중앙은행의 정치적인 독립성이 강화되는 추세가 생겼는데, 이는 1970~1980년대의 전 세계적인 고高물가 현상의 반성에서 비롯됐다. 당시 단기적인 성장에만 관심을 갖는 정책 당국자나 정치인들의 영향을 받았던 중앙은행이 '인플레이션 편의inflation bias'에 따라 재량적인 통화정책을 폈기 때문이라는 비판이 나왔다.[11] '인플레이션 편의'란 중앙은행이 인플레이션을 용인하는 편향이 있는 것을 가리킨다. 다음 페이지의 그림 1–1과 같이 선진국들의 인플레이션율은 1960년대 말 4~5%에서 1970년대에 8~15%로 치솟았다. 1973년과 1979년 두 차례의 오일 쇼크oil shock라는 충격이 인플레이션을 유발했을 뿐만 아니라 그에 따른 경제 침체에 대해 중앙은행은 성장을 유지하기 위해 돈을 푸는 대처 방법을 썼기 때문에 경기 침체와 인플레이션이 동시에 오는 스태그플레이션stagflation 시대가 도래했던 것이다.

당시 중앙은행이 경제의 확장이나 비현실적인 성장 목표를 선호했던 이유, 즉 인플레이션 편의에 기대서 통화정책을 실행했던 이유

---

11. 이하의 논의는 팰그레이브(Palgrave) 경제학 사전 신판을 위해 2005년 칼 월시(Carl Walsh) UC산타크루즈대 교수가 작성한 글에 기초한다.

그림 1–1 선진국의 소비자물가 상승률 추이

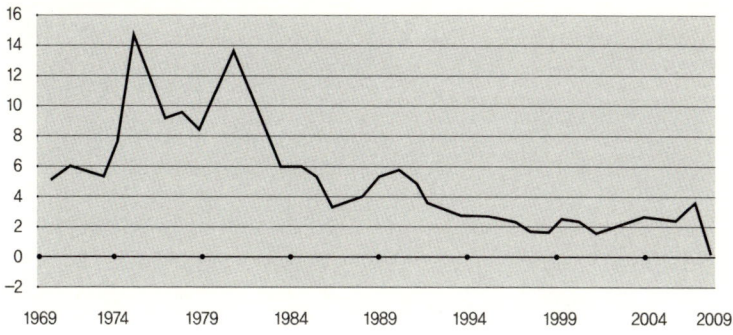

로는 정치적인 압력이 있었기 때문으로 설명한다. 민주사회에서는 선거로 정권을 잡는다. 그런데 선량들은 단기적으로 선거에 승리할 것을 목표로 하기 때문에 확장적인 통화정책의 장기적인 영향보다는 단기적인 경제성장 정책에 더 많은 비중을 두게 된다. 그래서 정치적 요인에 민감했던 중앙은행들은 적극적인 인플레이션 방어에 나서지 않았다는 것이다. 당시 인플레이션의 결정 요인에 대한 경제학적 연구도 중앙은행과 정부 사이의 관계에 초점을 맞추는 연구가 많았다.

1970~1980년대 고물가 시대에 대한 반성으로 선진국들은 1990년대 들어 중앙은행의 정치적인 독립성을 강화하기 시작했다. 마치 비유하자면 중앙은행은 그리스 로마 신화에 나오는 '오디세우스'[12]

---

12. 트로이전쟁의 영웅인 오디세우스(Odysseus)는 서쪽 먼 바다 이오니아해의 이타카(Ithaca)라는 섬의 왕이다. 로마식으로는 율리시스(Ulysses)라고 불린다.

처럼 사이렌(정치인들)의 매혹적인 노래에 넘어가지 않기 위해 온몸을 돛대에 묶고 원래 정해진 항로를 가도록 하겠다는 것이다. 도널드 콘Donald Kohn 전 연준 부의장은 2005년 "정치적 과정에 의해서 설정된 목표[13]가 주어진 독립적인 중앙은행에 대한 지지가 확산된 것은 1970년대의 초ً인플레이션great inflation이 준 교훈으로 나타난 결과 중 하나이다"라고 말하기도 했다.[14]

실제로 중앙은행의 독립성이 높아질수록 인플레이션이 낮아진다는 실증분석 결과도 나와 이 같은 움직임은 시간이 갈수록 강해져 왔다. 하버드대 교수인 알베르토 알레시나Alberto Alesina와 로런스 서머스Lawrence Summers가 1955~1988년 동안 선진국을 대상으로 한 분석[15] 결과를 보면 중앙은행의 독립성이 높았던 독일은 그 기간 동안 평균 인플레이션율이 3%로 낮은 데 비해 독립성이 낮았던 영국이나 프랑스 등의 평균 인플레이션율은 6~7%나 됐다. 가장 독립성이 낮은 것으로 평가됐던 뉴질랜드는 인플레이션율이 8%에 육박했다. 또 다른 연구에서는 1970년대에 영국의 잉글랜드은행의 독립성을 독일

---

13. 중앙은행이 독립적으로 정책 목표를 설정하는 '목표 독립성'과 외부에서 목표를 설정하되 독립적으로 목표를 달성하는 수단을 선택할 수 있다는 '수단 독립성'은 구분해야 한다. ECB는 독립적으로 목표와 수단을 모두 결정할 수 있어 목표 독립성과 수단 독립성을 모두 갖고 있으나, 연준은 법에 목표가 명시돼 있어 정치적 과정에 의해 목표가 설정되지만 수단을 선택하는 것은 독립적으로 할 수 있어 수단 독립성만 갖고 있다고 평가할 수 있다. 우리나라의 경우도 미국과 마찬가지로 목표는 한국은행법에 명시돼 있고, 수단을 금통위에서 독립적으로 결정하도록 돼 있다.

14. Lambert(2006)

15. Alesina and Summers(1993)

중앙은행 수준으로 높인다면 연평균 인플레이션율이 4%p 낮아졌을 것이라는 분석도 있다.

중앙은행이 투명해야 한다는 것은 경제적인 필요성에서도 도출된다. 중앙은행이 결정하는 정책금리는 결국 따지고 보면 직접적으로는 초단기금리에 영향을 미치는 수단에 불과하다. 연준이 결정하는 정책금리인 연방기금금리는 하루 사이에 은행 간 지급준비금 대출이 일어나는 시장에서 은행 간의 지급준비금 수요와 공급을 일치시키는 금리다. 우리나라의 기준금리도 직접적인 영향을 미치는 시장은 만기 하루짜리 초단기자금시장일 뿐이다.

그렇지만 중앙은행의 영향력은 초단기금리에서 그치지 않고 각종 경로를 타고 전체 거시경제에 미치게 된다. 이를 마치 납을 휘황찬란한 금을 만드는 과정에 비유해서 '현대의 연금술'이라고도 부른다. 아니면 마치 자동차의 엔진에서 발생한 동력이 기어와 축을 거쳐 바퀴에까지 전달되듯이 세세한 연결고리가 있다고 설명하기도 한다.

만약 중앙은행이 정책금리를 올리면, 직접적으론 초단기금리가 오르겠지만 이는 다시 단기시장금리(CD, 환매조건부채권, 기업어음 등 단기상품금리), 장기시장금리(만기 1년 이상의 국채, 회사채금리)를 거쳐 은행예금금리, 주택담보대출금리 등 우리 경제의 전반적인 금리 수준을 순차적으로 높이게 된다.[16]

다음으로 경제의 전반적인 금리가 상승하면 소비, 투자 등 실물 경제가 영향을 받는다. 금리가 오르면 개인들은 주택 구입이나 내구재 소비를 꺼리게 된다. 기업들도 투자비용이 높아지면서 투자를 줄이게 된다. 만약 인플레이션이 진행되고 있었다면 금리 상승으로 소비와 투자가 억제되면서 인플레이션도 억제되는 것이다. 그렇지만 투자나 소비를 결정할 때 금리는 여러 가지 결정 요인 중 하나다. 그래서 중앙은행의 초단기금리에 대한 영향력은 크지만 파급 경로를 거칠수록 그 영향력은 작아지게 마련이다.

그런데 여기에 '기대expectation'라는 윤활유가 뿌려지면 얘기가 달라진다. 중앙은행의 통화정책이 일반 대중과 시장의 기대를 직접적으로 바꿀 수 있다면 초단기금리→단기금리→장기금리→소비와 투자라는 머나먼 길을 돌아가지 않고서도 빠르게 각 단계의 금리와 거시 변수에 영향을 미칠 수 있기 때문이다.

더 나아가서 '기대'는 금리 경로의 파급 효과를 강화하는 윤활유로서의 역할보다 더 큰 역할을 할 수 있다. 금리 경로의 방향을 바꿀 수도 있고, 금리 효과가 파급되기도 전에 일반 대중과 시장의 행동을

---

16. 물론 이런 기제가 항상 정확하게 작용하는 것은 아니어서 초단기금리가 올라도 장기금리는 잘 변하지 않는 경우도 있다. 대표적인 게 2000년대 중반 그린스펀 의장이 이끌던 연준이 정책금리를 연 1%에서 연 5.25%로 올렸는데도 장기국채금리는 연 4% 수준에서 머물러 있던 현상이 나타났던 것이다. 당시 중국 외환당국이 넘쳐나는 막대한 외환보유액으로 미국 장기국채를 사들이면서 그 같은 현상이 나타났다. 이를 두고 당시 '그리스펀의 수수께끼(Greespan's Conundrum)'라는 표현이 등장했다.

바꿔버릴 수도 있다.

예컨대 10년 만기 채권의 이자율은 앞으로 약 3,650일 동안 매일 형성될 하루 이자율에 의존한다. 앞으로의 하루 이자율은 다시 미래의 통화정책에 따라 달라지게 된다. 그렇다면 이런 장기 이자율은 오늘의 통화정책의 결정이 미래의 통화정책에 대해 어떤 함의를 갖는지 시장이 해석하는가에 달려 있는 것이다. 오늘 금리를 올려도 장기적으로 금리를 내릴 것으로 시장이 예상한다면 장기금리는 오르지 않을 것이란 것이다.

또 오늘의 통화정책이 일반 대중의 기대인플레이션에 어떤 영향을 미칠 것인가도 마찬가지로 생각할 수 있다. 오늘 금리를 올려도 일반 대중이 장래에 중앙은행이 금리를 내릴 것으로 기대한다면 물가 상승 기대가 떨어지지 않을 것이다.

1990년대 이후 보다 투명한 중앙은행의 출현은 점차 기대의 역할을 중요하게 만들고 있다. 중앙은행이 일반 대중이나 시장의 기대에 영향을 주려면 '신뢰성'의 확보가 가장 중요한데, 신뢰성은 투명성에서 출발하는 것이기 때문이다. 양치기 소년이 마을 사람들에게 '늑대가 나타났다'를 외치듯이 중앙은행이 식언食言을 일삼는 커뮤니케이션을 한다면 신뢰성이 확보될 턱이 없다. 일반 대중과 시장이 중앙은행이 과거에 한 얘기와 현재의 행동이 일치하는지 판단하려면 정책목표가 뚜렷하게 제시돼야 하고 현재 행동의 결과도 투명하게 전달돼야하는 것이다.

통화정책 수행의 핵심 도구로 등극한
'커뮤니케이션'

"비밀주의라는 전통과 달리, 지난 15여년에 걸쳐 전 세계 중앙은행들은 눈에 띌 정도로 보다 공개적이고 투명하게 바뀌어왔습니다. 통화정책을 결정하는 위원회들은 일반 대중과 커뮤니케이션을 강화하기 위한 다양한 매커니즘을 적용했습니다. 그것에는 정책 결정문에 좀 더 정보를 많이 담는 것에서, 위원회가 끝난 뒤 기자회견을 열거나 의회에서 청문회 기회를 추가로 갖거나 의사록을 공개하는 것이나 통화정책과 경제 전망에 대한 보고서를 정기적으로 출간하는 것 등이 포함됩니다."

벤 버냉키 연준 의장이 아직은 연준 이사 시절이었던 지난 2004년 1월 미국경제학협회에서 한 강연[17] 내용이다. 버냉키 의장은 강연에서 이 같은 전 세계 중앙은행의 투명성 제고 노력을 높게 평가했다. 거기에 더해 그는 중앙은행이 제공하는 정보가 일반 대중이 중앙은행이 하는 일에 대한 이해를 돕고 통화정책의 효과와 경제 운용의 성과를 높이기 위해서 중앙은행이 커뮤니케이션을 강화해야 한다고 주장했다.

버냉키 의장은 이어 중앙은행의 커뮤니케이션이 통화정책의 효과

---

17. Bernanke(2004)

를 높인다는 연구 결과를 소개하더니 중앙은행과 일반 대중, 금융시장 사이에서 정보가 비대칭적으로 존재한다는 얘기로 나아간다. 그리고 일반 대중들은 정보를 받아들이더라도 바로바로 소화해서 상황을 판단하는 게 아니라 과거 경제 변수의 움직임을 고려해서 적응적으로 학습한다는 연구 결과를 소개한다. 예컨대 오일 쇼크와 같은 일시적인 요인에 의해서 물가가 급등하더라도 일반 대중들은 장기적인 물가 상승 트렌드가 생겼다고 판단하고 기대인플레이션율을 높게 유지하는데, 그 결과 실제 인플레이션율도 상승한다는 것이다. 그렇다면 중앙은행이 일반 대중과의 커뮤니케이션을 강화해서 중앙은행의 장기적인 인플레이션 목표가 실제로는 낮다는 정보를 지속적으로 제공한다면 인플레이션 기대를 끌어내릴 수 있다는 결론에 도달할 수 있다.

버냉키 의장은 강연 중에 자신이 얘기하려는 핵심을 다음과 같이 강조한다.

"적응적 학습에 대한 연구 결과를 보면, 중앙은행이 장기적인 인플레이션 목표나 경제 전망을 제공하는 게 일반적으로 좋은 경제적인 결과를 가져옵니다. 그렇다면 중앙은행의 커뮤니케이션은 경제 운용의 성과를 높이는 데 있어서 핵심적인 역할을 할 수도 있다고 봅니다. 이것이 오늘 저의 강연 목적 중 가장 중요한 것입니다."

버냉키 의장이 중앙은행의 투명성 강화를 강조하면서 꺼낸 얘기는 결국 물가 안정 목표제(인플레이션 타깃팅)였다. 물가 안정 목표제는 일정 기간 동안 또는 장기적으로 달성해야 할 물가 목표를 미리 제시하고 이를 달성하기 위해 통화정책을 운용하는 방식으로, 개념부터 커뮤니케이션의 중요성을 포함하는 것이다. 이는 물가 안정 목표를 명시적으로 공표하고 일반 대중과 시장이 이 목표를 기준으로 해서 각종 경제행위와 의사결정을 하도록 유도하는 제도이기 때문이다. 또 일반 대중과 시장은 목표를 기준으로 해서 중앙은행이 제대로 일을 수행하고 있는지 판단하기 위해서 보다 많은 정보를 요구할 수 있고, 이것은 중앙은행의 적극적인 커뮤니케이션 노력을 통해서 달성될 수 있다.

연준은 2012년 1월에 와서야 명시적인 인플레이션 목표를 2%로 설정해서 공표했다. 인플레이션 목표를 공개하는 것은 지속적으로 중앙은행의 커뮤니케이션 강화를 외쳐왔던 버냉키의 숙원 사업이기도 했다. 버냉키는 취임을 앞둔 2005년 미국 상원 청문회에서 "연준의 투명성을 높이는 작업이 점진적으로 이뤄질 것"이라며 "인플레이션 목표제가 그 중 가능한 하나의 단계"라고 밝히기도 했다. 연준은 '최대 고용'과 '물가 안정'이라는 두 가지 목표를 법적으로 부여받고 있기 때문에 공개적으로 물가 목표를 설정하고 공표하는 게 '최대 고용'을 홀대하는 것이라며 반대하는 세력이 많았다. 그렇지만 투명성과 커뮤니케이션 강화를 강조하는 버냉키 의장이 물가 안정 목표제를

표 1-1 주요국의 물가 안정 목표제

국가명	물가 기준	물가 안정 목표	목표의 종류
한국	소비자물가	3.0%(±1%)	범위 목표
유로지역	종합소비자물가	2%(에 근접한) 이하	수량으로 정의
미국	개인소비지출(PCE) 물가	장기 목표 2%	양적 벤치마크
일본	소비자물가	중장기 목표 1%*	양적 벤치마크
영국	소비자물가	2%	목표점 타깃
스위스	소비자물가	2% 이하	수량으로 정의
스웨덴	소비자물가	2%(±1%)	범위 목표
노르웨이	소비자물가	약 2.5%(±1%)	범위 목표
캐나다	소비자물가	2%(1~3% 범위 내)	범위 목표
호주	소비자물가	2~3%	범위 목표
뉴질랜드	소비자물가	1~3%	범위 목표

* 2013년 1월 일본정부와 일본은행은 2%로 상향 조정.   자료: Jung(2012)

관철시킨 것이다.

그렇다면 왜 중앙은행들은 물가 목표를 공표하는 것일까? 어떻게 보면 통화정책의 족쇄가 될지도 모르는 목표 수치를 공개하는 이유는 무엇일까? 중앙은행이 '물가 안정을 위해 노력하겠다'라고 선언하기보다는 '물가 상승 목표를 2%로 하겠다'고 공표하는 게 일반 대중이 통화정책의 목적을 이해하기 쉬울 것이기 때문이다. 또 실제 물가 상승률이 이에 못 미친다면 일반 대중과 시장 참가자들이 중앙은행이 금리를 내릴 가능성이 높다고 전망하고, 실제 물가상승률이 이보다 높다면 금리를 높여 경제를 연착륙시킬 가능성이 높다고 전망하게 만들 것이다. 즉, 기대에 영향을 미칠 가능성이 높아지는 것이다.

세계 주요국 중앙은행은 이같이 명확한 목표를 제시함으로써 일반 대중의 기대인플레이션을 안정적으로 관리하기 위해서 1990년 뉴질랜드를 시작으로 해서 하나둘 물가 안정 목표제를 도입하게 된다. 캐나다가 1991년, 영국이 1992년 물가 안정 목표제를 도입했다. 선진국들이 물가 안정 목표제를 도입해서 뛰던 물가를 잡자 신흥국들도 이에 뒤따라 물가 안정 목표제를 1990년대 후반과 2000년대 들어 도입하게 된다. 우리나라의 경우 1998년 도입했다. 유로지역은 1998년 말 ECB 출범과 동시에 물가 안정 목표제를 도입했다. 미국은 최대 고용과 물가 안정이라는 두 마리 토끼를 잡아야 되는 입장이어서 오히려 도입이 늦은 편이었다.

물가 안정 목표제는 커뮤니케이션을 중앙은행의 핵심적인 통화정책 도구 수준으로 격상시켰다. 중앙은행 이론의 대가인 블라인더 교수는 2008년 중앙은행 커뮤니케이션 이론의 전문가들인 ECB의 마이클 에르만Michael Ehrmann 박사, 마르셀 프라체Marcel Fratzscher 박사, 네덜란드 흐로닝언대 야콥 드 한Jacob De Haan 교수, 네덜란드중앙은행의 다비드-얀 얀센David-Jan Jansen 박사 등과 함께 중앙은행의 커뮤니케이션과 통화정책에 관한 연구를 총정리한 논문[18]을 발표했다. 이들

---

18. Blinder et. al.(2008)

은 논문에서 "기대를 관리하는 게 통화정책의 중심적인 부분이 됐다는 게 점차 명확해지면서, 커뮤니케이션 정책의 위상은 단순한 뉘앙스를 전달하는 것에서 중앙은행가들의 정책 수단 중 핵심적인 수단으로 올라섰다"고 주장했다.

특히 미국과 유럽의 선진국들은 2008년 글로벌 금융위기 이후 정책금리를 제로금리 수준으로 낮추면서 커뮤니케이션이 더욱 중요해졌다. 인플레이션 목표제 아래에서 중앙은행들은 물가 목표를 제시하는 것에서 그치는 것이 아니라 물가가 오를 때면 정책금리를 인상해서 일반 대중에게 기대인플레이션 심리를 낮추라는 신호를 보내는 방식으로 통화정책을 취해왔었다. 또 경기가 침체해 디플레이션(지속적인 물가 하락)의 위험이 생기면 금리를 내려 경제주체들의 심리를 살리려고 했다. 그렇지만 명목금리의 제로 하한zero lower bound에 도달하자 정책금리는 통화정책 신호를 전달하는 도구로서의 역할을 할 수가 없게 됐다.[19] 이 상황에서 중앙은행들이 뺄들 수 있는 칼은 오로지 말로 기대에 영향을 미치는 방법밖에는 없게 된 것이다. 진정으로 중앙은행의 커뮤니케이션이 통화정책의 핵심 도구가 된 것이다.

---

19. 덴마크 중앙은행이 2012년 7월 정책금리 중 하나인 예치금 금리를 0.05%에서 −0.2%로 낮추기도 했으나, 이는 안전자산으로 여겨지는 덴마크 중앙은행 예치금에 더 이상 유럽의 자금이 몰리지 않도록 하기 위한 조치로, 예외적인 것이다. 예치금에 마이너스금리를 매기는 것은 예금자가 금리를 무는 것이다. 한편 덴마크 중앙은행의 대출금리는 0.2%다.

미국의 경우 글로벌 금융위기로 인해 2008년 12월 정책금리인 연방기금금리를 연 0~0.25%로 낮춰 사실상 제로금리 정책을 펴고 있어 더 이상 금리를 낮출 수 없는 환경이 도래했다. 재닛 옐런 연준 부의장은 2012년 11월 UC버클리University of California, Berkeley에서 연준의 커뮤니케이션 정책의 변화를 설명하는 강연을 하면서 글로벌 금융위기 이후 두 가지의 통화정책이 일자리를 만들고 성장을 추동했다고 고백했다. 그 두 가지 정책은 첫째, 소위 양적완화라고 불리는 대규모 자산 매입 프로그램이고, 둘째는 사전적 정책방향 제시방식인 '포워드 가이던스forward guidance'라고 불리는 미래 통화정책에 대한 커뮤니케이션이다. 그런데 마이클 우드퍼드Michael Woodford 컬럼비아대 교수는 양적완화도 돈을 푸는 것보다는 양적완화를 한다고 정책을 발표하는 공시 효과가 더 효과적이었다고 주장[20]하는 등 결국은 커뮤니케이션 정책이 효과를 발휘한 것으로 봐야 한다는 주장이 설득력을 얻고 있다.

ECB도 정책금리를 2009년 5월 연 1%까지 낮췄다가 경기가 좋아지는 조짐이 있자 2011년 7월 연 1.5%까지 높였지만 재정위기로 경기가 하락하자 다시 금리를 낮추기 시작해 2012년 7월부터는 연 0.75%로 금리를 조정해 0%대 금리에 돌입했으며, 2013년 4월에는 다시 0.25%p를 내려 연 0.5%로 제로금리에 가깝게 유지하고 있다. 이에

---

20. Woodford(2012)

따라 매월 통화정책 결정을 위한 회의 후에 열리는 드라기 총재의 기자회견이 커뮤니케이션 정책의 핵심으로 떠오르고 있는 것이다.

미디어가 중앙은행 커뮤니케이션의
핵심 매개체로

과거에 중앙은행이 비밀주의와 신비주의 전략을 선택했던 것은 두 가지 믿음 때문이었다. 첫째, 통화정책에 있어서 '충격효과 surprise effect'만이 효과적이다. 둘째, 중앙은행은 경제가 잠재능력에 가깝거나 아니면 잠재능력을 뛰어넘었을 때 생기는 이점을 달성하기 위해 노력해야 한다. 첫번째 믿음은 경제주체들이 합리적 기대 rational expectation를 한다는 가정에서 나온 것으로 합리적 기대를 하는 사람들이라면 경제가 궁극적으로는 잠재능력 수준으로 움직일 것으로 예상하므로 중앙은행이 돈을 푼다고 해도 사람들이 갑자기 경제 활동을 더 활발히 하는 게 아니라 결국은 잠재능력 수준 정도의 경제 활동을 할 것이라는 얘기다.[21] 그렇기 때문에 사람들이 예상치 못한 충격을 줘야 통화정책이 효과를 발휘해 잠재능력을 뛰어넘는 경제 활동이 나타난다는 것이다. 그렇기 때문에 통화정책이 효과적이 되려면 중앙은행은 목표나 의도 그리고 정책을 취하는 시점에 대해서 사전에 암시를 해서는 안 된다. 만약 합리적 기대를 하는 일반 대중이 통화량을 늘려 실업률을 낮추고, 생산을 늘리고자 하는 중앙은행의 목표를 알아챈다면 결국 실업률과 생산량은 제자리로 돌아오게 되고 시중에 풀린 돈 때문에 인플레이션만 발생하게 된다. 때문에 과거 중앙은행들은 정책 목표를 공개하지 않는 것은 물론이고 정책 결정 과정을 설명할 필요도 없다고 생각했다. 합리적 기대 가설이 경제학계를 풍미했던 1970~1980년대에는 중앙은행의 커뮤니케이션 정책이 효과적인지 아닌지 논의한다는 것은 엉뚱한 얘기였다.

그렇지만 이 두 가지 믿음은 1990년대 들어 경제 현실과 학계의 도전을 받게 된다. 우선 경제를 잠재능력보다 더 활발하게 움직이도록 하는 게 통화정책 성공의 척도라는 두 번째 믿음에서 발생한 '인플레이션 편의'에 대한 문제 제기다. 현실 속에서는 1980년대에 경기 침체는 계속되는데 물가상승률은 높은 '스태그플레이션'을 불러왔다. 중앙은행은 비밀주의를 견지했지만, 통화정책의 수요자인 일반 대중과 시장은 중앙은행의 행태를 예측하려고 했기 때문이다. 그렇지만 중앙은행은 비밀주의를 유지해서 정보를 공개하지도 않기 때문에 일

---

21. 전통적인 합리적 기대가설론자들은 예기치 못한 통화량의 증가가 단기적으로 생산(output)에 영향을 주고 준칙(rule)에 따른 통화정책은 생산에 영향을 미치지 못한다고 주장하지만, 단기적 목표 달성을 위해 예기치 못한 정책을 써서 일반 대중을 호도하는 정책을 권하지 않고 있다. 예기치 못한 통화량 증가로 생긴 단기적인 과열이 식으면 장기적으로 경제의 비효율성이 증가해 비용이 발생한다고 보기 때문이다. 그러나 중앙은행을 비롯한 행동주의자(activist)는 주류 합리적 기대가설론자와 달리 예기치 못한 충격을 줘서 경기를 부양해야 한다는 논리를 폈다.

반 대중과 시장은 불완전한 정보를 갖고 예측할 수밖에 없다. 이런 상황은 일반 대중의 인플레이션 기대를 높이고, 결국 실제 인플레이션도 높아지게 만든 것이다. 오히려 현실을 완벽하게 파악할 수 없었던 '기대'가 '현실'의 인플레이션을 끌어올린 것이다.[22]

통화정책 성공의 척도에 대한 대안으로 등장한 것은 '물가 안정'이다. 안정적으로 낮은 인플레이션이 경제적 성공의 선제조건이라는 인식이 확산되면서 물가 안정이 최우선 과제로 등극했다.

이렇게 되면서 통화정책은 일반 대중이나 시장이 예측하지 못한 조치를 하는 '충격효과'만이 효과가 있다는 첫번째 믿음에도 문제 제기가 나왔다. 통화정책의 목표 자체가 바뀌면서 시장에 충격을 주기보다는 안정을 주는 데 방점이 찍혔기 때문이다. 오히려 인플레이션 목표를 제시하고 '이를 지키겠다'고 선언했더니 '물가 안정'이라는 목표 달성이 잘 되더라는 것이다. 1992년 인플레이션 목표제를 도입한 영국의 경우, 1992~2012년의 20년간 연평균 물가상승률은 2.1%로 물가 목표 2%에 근접했다. 이는 1975년 27%까지 오르는 등의 충격을 받았던 1970년대의 연평균 물가상승률 12%, 1980년대의 연평균 물가상승률 약 6%보다 훨씬 낮은 것이다.

이런 문제 제기 속에서 1990년대 이후 중앙은행 업계에는 또 다른 두 가지 믿음이 풍미하게 된다. 첫째, 중앙은행이 명목금리를 조

---

22. 일반 대중의 기대의 문제뿐만 아니라 중앙은행의 목표가 명확하지 않은 데 기인한 것일 수도 있다는 반성에서 인플레이션 목표제를 도입한다.

정하면 실질금리에도 영향을 주고 이는 다시 가계와 기업이 오늘과 내일의 지출을 조정하도록 만든다. 둘째, 고高인플레이션은 사회에 비용이 된다. 이런 믿음의 근저에는 가격은 경직적sticky이기 때문에 천천히 조정된다는 가설이 뒷받침돼 있다. 이는 결국 중앙은행이 '장기적인 물가 안정'이라는 목표를 달성하기 위해서는 일반 대중과 시장의 기대를 관리해야 하고 신뢰성을 쌓아야 한다는 정책적 함의에 도달하게 된다.

중앙은행이 일반 대중과 시장의 기대를 관리해야 한다는 데서 통화정책의 미디어 커뮤니케이션이 중요해지는 것이다. 민주사회에서 투명한 중앙은행이 일반 대중과 시장의 기대를 관리한다는 것은 쉬운 일이 아니다.[23] 중앙은행이 정보를 공개하고 각종 신호를 보냈을 때 그 정보와 신호를 해석하는 것은 일반 대중과 시장의 몫이기 때문이다. 기대를 중앙은행이 원하는 데로 바꿔주는 '정보information'가 아니라 시장의 변동성만 키우는 '잡음noise'이 될 수 있기 때문이다. 또 중앙은행이 각종 정보를 홈페이지 등을 통해 직접 줄 수도 있지만, 대부분의 정보는 '미디어'를 통해서 전달이 된다. 특히 일반 대중의 기대에 영향을 미치고자 하는 현대적 중앙은행은 미디어 커뮤니케이션을 핵심적인 매개체로 여길 수밖에 없는 것이다.

---

23. '관리'라는 용어 자체는 '민주적'이라는 말과 충돌된다. '관리'보다는 시장과 '소통'이라는 것이 적절한 표현일 수 있으나, 쌍방향 소통의 의미보다는 중앙은행의 정책 의도가 전달되도록 한다는 의미에서 '관리'라는 용어를 사용했다.

표 1-2 통화정책에 관한 정보 공개 확대 추이

	1998년	2006년
수량화된 정책 목표	50	78
거시경제 모델	17	50
거시경제 전망	28	81
통화정책 전략	64	81
의사록	14	28
표결 결과	11	22
정책 조정 내용	42	78
정책 조정 부연 설명	36	75

※ 36개 주요국 중앙은행 중 관련 정보를 공개하는 중앙은행의 비중임.   자료: Jung(2012)에서 발췌.

여기서 FT 기자 출신으로 2003~2006년 영국 잉글랜드은행의 통화정책위원을 지낸 리처드 램버트Richard Lambert의 얘기를 들어보자.[24]

"낮고 안정적인 인플레이션을 유지하는 핵심 요소는 미래의 임금과 가격에 대한 일반 대중의 기대에 놓여 있습니다. 이러한 기대를 관리하는 데는 커뮤니케이션이 중심적인 역할을 해야 합니다. 정책이 효과적이기 위해선 대중들이 잘 이해해야 하고, 동시에 일관성이 있으며 체계적이어야 하고 합리적으로 예측 가능해야 합니다."

---

24. Lambert(2006)

램버트는 제대로 된 커뮤니케이션을 위해 중앙은행의 청중audi-ence도 구분할 필요가 있다고 했다. 중앙은행의 청중은 크게 두 부류로 나뉜다. 한 부류는 금융시장과 경제 전문가들이다. 이들은 숫자와 정책 결정 의사록에 관심이 많다. 나머지 부류는 일반 대중과 정치인들인데 이들은 미디어를 매개로 해서 중앙은행의 목소리를 듣는다. 그리고 이들은 이야기words와 큰 그림big picture에 관심이 많다. 일반 대중은 경제학자들이 얘기하는 필립스 곡선(물가와 실업률의 역逆 관계를 나타내는 그래프)에는 관심이 없고 주택담보대출금리가 올라갈지에 대해 관심을 가진다.

램버트는 "중앙은행의 청중이 모두 같은 것에 관심을 두는 것은 아니고, 무엇이 중요한지에 대해 동일한 이해를 가진 것은 아니다"라면서 "그렇지만 중앙은행이 전달하는 전체적인 메시지는 일관성이 있어야 한다"고 말했다.

통화정책의 미디어 커뮤니케이션이 얼마나 효과가 있나?

통화정책의 미디어 커뮤니케이션에는 다양한 수단이 동원된다. 금리 결정문 보도자료, 중앙은행의 각종 보고서와 보도자료, 총재 등 주요 인사의 대중 강연과 언론 인터뷰, 통화정책회의 회의록 공개 등이 그것이다. 통화정책의 미디어 커뮤니케이션은 국가마다 역사적, 정치적, 경제적 상황에 따라 이런 수단 중에서 필요한 수단을 선택해서 사용하고 있다. 그러나 점차 공개하는 정보는 늘어나는 추세에 있다.

블라인더 교수 등이 2008년 중앙은행 커뮤니케이션과 통화정책에 대한 연구를 대상으로 광범위한 조사를 한 결과, 중앙은행의 커뮤니케이션이 시장에 효과적인 영향을 미친다는 결론을 얻었다.[25] 그 내용은 정리하면 다음과 같다.

첫째, 중앙은행의 경제 전망이나 통화정책 전망 등 중앙은행의 관점을 공개하는 단기적인 중앙은행 커뮤니케이션은 금융시장에 상당한 영향을 미친다. 통화정책 결정문, 각종 보고서, 의사록 등은 실증적으로 금융시장에 분명한 영향을 미친다. 금리 결정문의 경우 통화정책의 긴축을 의미하는 문구가 나오면 시장금리를 올리고, 완화를 의미하는 문구가 나오면 시장금리가 떨어진다는 것이다. ECB의 이 같은 내용의 금리 결정문이 시장금리를 평균 1.5~2.5 bp(1bp는 100분의 1%)를 움직인다는 연구 결과도 있다. 다만, 연설의 영향은 분명하지 않다. 중앙은행의 커뮤니케이션이 '뉴스를 만든다'는 아이디어도 연구 결과들이 지지하고 있다. 한편 중앙은행의 커뮤니케이션이 금리 기대를 변화시킨다는 증거는 이자율 선물 가격의 변화를 측정

---

25. Blinder et al.(2008)

해서 발견했다.

둘째, 중앙은행의 목표와 전략을 공개하는 장기적인 중앙은행의 커뮤니케이션에 대한 연구는 인플레이션 목표를 공개하는 것이 물가 안정이나 인플레이션 기대에 영향을 미치는가에 집중돼 있다. 인플레이션 목표를 제시하거나 물가 안정에 대해 수량으로 정의를 내리는 것은 인플레이션 기대를 안착anchoring하는 효과가 분명하게 있다. 장 클로드 트리셰 전 ECB 총재도 2008년 한 연설에서 이를 분명히 한 바가 있다. 트리셰는 "점점 더 많은 실증 분석 결과가 투명한 수량 목표를 제시하고 전략에 대한 커뮤니케이션을 하는 게 통화정책의 효과를 강화한다는 주장을 지지하고 있다"며 "수량 목표의 (인플레이션 기대) 안착 효과는 참으로 놀랄 만하다"고 말했다.

블라인더 교수 등이 엄선해서 정리한 논문 중에는 ECB의 기자회견이 미치는 영향에 대한 논문도 있다. ECB에서 근무하는 마이클 에르만 박사, 마르셀 프라체 박사가 2007년 발표한 연구보고서인데, 이는 2009년 학술지에 발표됐다. 흥미로운 것은 중앙은행 총재의 기자회견이 금리 결정 발표문보다 시장에 미치는 영향이 더 크다는 것이다. 그 이유에 대해 에르만 박사 등은 기자회견에는 질문과 대답 시간이 있어 금리 결정 발표문을 보고, 미디어나 금융시장이 궁금해 했던 내용이 좀 더 명확하게 시장에 전달되기 때문이라고 봤다.

그런데 중앙은행 커뮤니케이션의 중요성을 강조하고 미디어가 통화정책 파급 경로에서 중요한 역할을 하고 있다는 주장을 담은 연구는 쏟아지고 있는데, 정작 미디어 커뮤니케이션의 효과만을 특화해서 분석한 연구는 많지 않다고 한다. 또 중앙은행 커뮤니케이션이 금융시장에 미치는 효과에 대한 분석은 많은 데 비해, 미디어를 거쳐 일반 대중의 기대에 미치는 영향에 대한 분석도 많지 않다.[26] 이 분야에 대한 더욱 풍부한 연구가 진행돼야 할 필요성이 있다.

---

26. Berger et al.(2006)

제2장

글로벌 금융위기 후 중앙은행 미디어 커뮤니케이션의 변화

CENTRAL BANK COMMUNICATION

세계 경제 대통령,
말로 세상을 다스린다

2013년 2월 26일, 벤 버냉키 연준 의장은 미국 상원 소위원회인 은행위원회에 출석했다. 미국은 1978년 제정된 험프리-호킨스 법(완전고용과 균형성장법, Humphrey-Hawkins Act)에 따라 연준 의장이 1년에 두 차례 의회에 경제 상황과 통화정책 방향에 대한 보고서를 제출하는 한편 의회에 출석해 그 내용을 설명하고 있다. 그래서 이렇게 내는 보고서를 험프리-호킨스 보고서, 의회의 발언은 험프리-호킨스 증언이라고도 부른다.

이날의 이슈는 과연 미국이 글로벌 금융위기 이후 실시하고 있는 양적완화에 대해 버냉키가 어떻게 언급할지였다. 왜냐하면 이에 앞서

2월 20일 공개된 연준 FOMC의 같은 해 1월 의사록과 1월 3일 공개된 2012년 12월 의사록에서 양적완화를 둘러싼 위원들 사이의 이견이 공개됐기 때문이다.

12월 의사록에서는 12명의 FOMC 위원 중에서 '약간few'의 위원들이 2013년 말까지 채권 매입을 지속할 것을 원했다. 다른 '약간'의 위원들은 양적완화로 속칭되는 채권 매입 프로그램에 대해 상당한 조정이 필요하다고 언급했지만, 구체적인 종료 날짜 등을 언급하지는 않았다. 또 '몇몇의several' 위원들은 2012년 말이 되기 전에 채권 매입 속도를 줄이거나 중단해야 한다는 의견을 표명했고, 한 위원은 이런 모든 의견에 반대했다. 이에 대해 FT 로빈 하딩Robin Harding 기자는 "통상적으로 연준이 사용하는 용어에서 '약간'은 2~3명, '몇몇'은 4~5명을 의미한다며 위원회가 양적완화 정책을 두고 거의 절반으로 의견이 갈렸다"고 보도했다. 블룸버그통신은 이런 내용을 두고 "대부분의 FOMC 위원들이 세번째 양적완화가 2013년에 종료될 것으로 전망하고 있다"고 보도했다.

1월 의사록에서는 '많은many' 위원들이 자산 매입 프로그램에 대한 잠재적인 비용에 대해서 우려를 표명하고 있었다. '몇몇' 위원들은 연준이 자산 매입 속도를 조절하기 위한 준비를 해야 한다고 주장했다. '일부some' 위원은 노동 시장이 현저하게 개선되기 전까지 채권 매입을 지속하겠다는 연준의 약속을 바꿔야 한다고 주장하기도 했다. 이에 대해 CNBC는 "아마도 '일부' 위원이 '약간'의 위원보다 많겠지만, '많은'과 '몇몇'의 숫자에 차이가 있는지 알 수 없다"면서도 "그럼에도 연준 내에서 양적완화의 미래를 두고 의견이 갈라져 있다는 것은 분명하다"고 보도했다. 그러나 로이터통신은 "일부 애널리스트는 12월 의사록에서는 위원들이 2013년 말이라는 구체적인 시점을 언급했지만, 1월 의사록에서는 이 같은 구체적인 시점이 사라졌기 때문에 전달에 비해 통화 완화 정책을 선호하는 쪽으로 의견이 기울었다고 평가하기도 한다"고 전했다.

2013년 2월 26일 버냉키 의장의 험프리-호킨스 증언이 언론의 주목을 받게 된 데는 이 같은 배경이 있었다. 미국 연준 의장이라는 자리는 '세계의 경제 대통령'이라고 불리는 자리다. 사실상 전 세계에 대한 달러 공급을 조정하면서 전 세계의 통화정책을 주무를 수 있기 때문이다.

버냉키 의장은 의원들 앞에서 다음과 같이 얘기했다.

"우리는 (양적완화 조치로) 일부 금융시장에서 생기는 위험에 대한 잠재적인 비용이 (양적완화 조치가) 경제 회복세를 강화하는 이득을 넘어선다고 보지 않습니다. 인플레이션은 현재 잠잠하고, 인플레이션 기대도 잘 안착될 것입니다. 노동시장 전망이 현저하게 개선되기 전까지는 자산 매입 프로그램을 지속할 것입니다. 현재 미국의 노동시장은 일반적으로 보자면 취약합니다."

버냉키 의장의 이 같은 발언에 대해 블룸버그통신은 '버냉키가 채권 매입에 실보다 득이 많다며 옹호', 로이터통신은 '버냉키가 연준의 부양정책은 이득이 명확하다고 언급, 위험은 무시', 마켓워치Market Watch는 '버냉키: 양적완화는 이득이 명확, 위험은 관리 가능' 등의 제목을 달아 거의 실시간으로 전 세계에 타전했다. FT는 '버냉키가 금융 완화(지속)에 대한 우려를 불식'이라는 제목으로 보도했다. 미디어가 보는 버냉키 의장의 메시지가 명확했던 것이다.

버냉키 의장은 다음날인 27일에는 하원 금융위원회에 출석해, 자신의 전날 발언을 더욱 명확하게 했다.

"1월 실업률은 7.9%입니다. 정상 수준인 6%에 도달하려면 앞으로 3년은 더 걸릴 것입니다. 그동안 연준의 자산 매입 프로그램은 경기를 과열시키지 않고 고용 창출 등 경제 회복을 이끌어왔습니다. 연준은 실업률 6%대 진입을 위해 자산 매입 프로그램을 지속할 것입니다."

버냉키 의장이 양적완화를 지속하겠다는 분명한 신호를 보내자 시장은 환호했다. 미국의 S&P 500지수는 2013년 2월 26~27일 1.9%가 올랐다. 마켓워치가 미국에서 금융위기가 발생한 2007년 이후 2012년까지 열두 번 버냉키 의장이 의회에서 '험프리-호킨스' 청문회에서 증언을 했는데, 이중 열 번의 경우에 S&P 500 지수가 상승했다. 사실 의회 청문회가 새로운 통화 정책을 발표하는 자리는 아니다. 그동안 해왔던 통화 정책을 재확인하는 것에 불과하다. 그럼에도 시장이 긍정적으로 움직였다는 것은 그만큼 위기 이후 실의에 빠진 시장에 버냉키 의장이 분명한 희망의 메시지를 던짐으로써 시장을 움직여왔다고 해석할 수 있다.

이는 과거 앨런 그린스펀 전 의장이 시장에 던져왔던 메시지와 비교한다면 더 명확하게 드러난다. 1987년 취임한 후 얼마 되지 않아 열린 의회의 청문회에서 그린스펀 전 의장이 던졌다는 다음과 같은 말은 얼마나 중앙은행 총재들이 '불명료함'에 경도됐었는지 알 수 있게끔 한다.

> "중앙은행에 합류한 이후로 저는 '(대중 앞에서) 전혀 앞뒤가 맞지 않
> 는 말을 중얼거리라(mumble with great incoherence)'고 배워왔습니
> 다. 만약 내가 하는 말을 여러분이 지나치게 명료해서 알아들을 수
> 있다면, 내가 한 말을 여러분이 잘못 알아들은 게 틀림없습니다."

실제로 1995년 6월 7일 그린스펀이 의회에 출석한 후에 같은 내용을 보도한 각 신문의 기사 제목을 보면 정말 중구난방이다. 뉴욕타임스는 '그린스펀이 침체의 가능성이 있다고 전망'이라고 제목을 뽑았지만, 워싱턴포스트의 기사 제목은 '경기 침체가 나타날 가능성이 없다고 그린스펀이 결론 내렸다'였다. 반면 볼티모어선은 '경기 침체의 위험이 상승한다고 그린스펀이 말했다'고 했다. 월스트리트저널은 '연

준 의장은 시야에서 경기 침체를 보지 못하고 있다'고 했다.

이렇게 다양한 해석이 나오다 보니 당시에는 그린스펀 전 의장의 발언을 통역할 '통역사'가 필요한 것이 아니냐는 얘기까지 나왔다. 실제로 그린스펀 전 의장의 말은 이해하기가 어려웠다. 얼마나 글이 이해하기 쉬운지 측정하는 '플레시Flesch 독이성讀易性 지수'라는 게 있는데, 이 지수로 2005년의 그린스펀 연설들을 평가한 결과 수치가 20점대 중반이 나왔다고 한다. 이 지수의 수치는 0점에서 100점까지 받을 수 있는데, 숫자가 낮을수록 읽어서 이해하기 힘들고 숫자가 높을수록 쉽다는 뜻이다. 평이한 영어의 최저점인 60점인데, 이보다 35점이나 낮다는 것이다. 그린스펀의 문장은 일반인이 도대체 이해할 수 없다는 자동차보험 표준약정서(10점)보다는 쉽지만, 학술지인 『하버드 로 리뷰Harvard Law Review』(32점)보다는 어려운 수준이었다는 것이다.

그렇지만 당시 상황에서 이 같은 불명료함은 학계의 칭송을 받았다. 페트라 게라츠Petra Geraats 영국 캠브리지대 교수는 2006년 1월 그린스펀 전 의장의 퇴임 후 블룸버그통신과의 인터뷰에서 그린스펀의 언어를 '신중하게 창조한 불명료함'이라고 평가했다. 게라츠 교수는 "그린스펀은 다양한 해석이 가능한 발언을 함으로써 금융시장을 효율적으로 가이드한 것"이라고 말했다. 만약 그린스펀 의장이 분명하고 정확하게 얘기했다면 금융시장은 과잉 반응을 보였을 것이라는 해석이다. 그린스펀 전 의장이 재임했던 시기는 '대안정기great moderation'라고 불릴 정도로 상대적으로 시장이 안정돼 있던 시기다. 그러므로 중앙은행 총재의 한마디는 '쏠림' 현상을 불러올 가능성도 있었다는 것이다.

과거에는 이처럼 미디어와 시장이 종잡을 수 없도록 하는 게 통화정책의 성공 사례라고 평가받았지만, 글로벌 금융위기 이후에는 중앙은행의 정책 목표와 과정을 명료하게 밝히는 게 통화정책의 성공 사례로 평가받고 있다. 그만큼 세상이 변한 것이다.

'인플레이션 파이터'가 아니라 '디플레이션 파이터'?

2012년 12월 취임한 아베 신조安倍晉三 일본 총리의 경제정책인 '아베노믹스Abenomics'는 글로벌 경제의 새로운 화젯거리다. 통화정책 측면에서 아베노믹스는 돈을 풀어 경기를 부양시키기 위해 '2% 인플레이션율' 목표와 양적완화 확대를 관철시키기 위해 중앙은행에 압력을 넣었다. 결국 2013년 3월 시라가와 마사아키白川方明 일본은행 총재가 조기 사임하고, 후임으로 아베 총리의 신임을 받는 구로다 하루히코黒田東彦 아시아개발은행ADB, Asian Development Bank 총재가 임명됐다. 구로다 총재는 2013년 3월 21일 취임 기자회견에서 "일본 경제가 15년 가까이 시달려온 디플레이션에서 탈피해 2%의 물가 상승 목표를 조기에 실현하는 것이 가장 큰 사명"이라며 "(물가 2% 상승 목표를) 2년 안에 달성할 수 있다고 확신한다. 가능한 모든 수단을 강구할 것"이라며 '아베노믹스'에 충실하겠다는 것을 미디어에 각인시켰다.

여기까지만 보면 '인플레이션 파이터'를 자임했던 중앙은행에 정부가 압력을 넣어 '디플레이션 파이터'로 개종시킨 대표적인 사례가 될 것이다. 이제까지 인위적인 경기 부양에 반대해오던 시라카와 총재를 물러나게 하고 대표적인 경기 부양론자인 구로다 총재를 불러왔기 때문이다. 일본 총선에서 의석의 3분의 2를 장악한 자민당의 아베 신조 총리는 "일본은행이 경제 성장에 더 적극적으로 나서야 한다"라고 주장해 왔다.

그렇지만 저자는 '아베노믹스'가 의미하는 바를 중앙은행을 '디플레이션 파이터'로 만들었다는 데서가 아니라 통화정책의 목표를 분명하게 함으로써 일반 대중의 기대를 변화시켰다는 데서 찾고 싶다.[1] 과거 일본은행 총재들은 연준의 버냉키 의장이나 ECB의 드라기 총재와 달리 시장에 대해 중앙은행의 목표를 단호하게 보여주지 않았기 때문이다. 그간 일본은행은 경기 침체의 대응 방안으로 구조 개혁만을 얘기해왔지 정작 시장이 궁금해 하는 바에 대해서는 얘기하지 않았다는 것이다.

월스트리트저널은 2013년 3월 구로다 총재의 내정 사실을 보도하

1. 중앙은행 독립성 강화 차원에서 시장과의 소통이 중요해진 추세와 비교할 때, 독립성 약화가 오히려 소통 강화로 이어진 일본의 사례는 독특하다고 할 수 있다.

면서, 시라가와 전 총재에 대해 다음과 같이 평가했다.

"시라가와 총재는 통화정책 이론에 정통하지만 종종 시장에 혼란을 불러왔다. 예컨대 애널리스트들은 왜 시라가와 총재가 그가 소개하는 통화정책의 효력에 대해서는 한계가 있다고 얘기하면서, 통화정책으로 어떻게 할 수 없는 경쟁력이나 성장 잠재력 강화 등 구조적인 문제를 해법으로 강조하는지 이해하지 못했다. 시라가와 총재의 이런 언급은 시장과 심지어 일본은행 내에서도 일본은행이 단호하게 행동하기를 꺼려한다는 회의주의를 불러왔다."

FT는 후지츠연구소의 마틴 슐츠Martin Schulz 선임 연구원의 다음과 같은 말을 보도했다.

"지난 20년간 일본은행은 정부에 대해 '먼저 구조 개혁을 한다면 우리가 돈을 내겠다'고 해왔다. 그런데 이제 일본은행은 '먼저 돈을 내라'는 요구를 받고 있는 것이다."

그래서 언론은 구로다 총재에게 통화정책의 명료한 목표를 제시해줄 것을 요구했다. 월스트리트저널은 "구로다 총재는 중앙은행이 일반 대중의 기대를 변화시켜 디플레이션을 극복할 수 있는지 세계 최초로 진행하는 실험을 이끄는 역할을 하게 될 것"이라고 보도했다.

구로다 총재는 실제 언론 인터뷰에서 "디플레이션 상태에서 인플레이션을 유발하기 위해서 중앙은행은 무엇이든 하겠다는 결의를 보여줘야 한다"고 말했다. 또 그는 총재에 내정된 후 의회에 출석해서는 "디플레이션에서 탈출하기 위해 할 수 있는 것은 무엇이든 한다는 자세를 명확히 할 것"이라며 "물가상승률 목표 2%를 2년 내에 달성하기 위해 대담한 양적완화를 해나갈 것"이라고 말했다.

구로다 총재는 미디어를 통해 적확한 시점에 메시지를 전달하는 데 능숙한 것으로 알려져 있다. 대표적인 게 재무부 차관보로 있던 시절 1999년 크리스마스이브 때의 일이다. 당시 구로다 차관보는 엔화 가치 하락을 유도하고 있었는데, 시장에서 엔화가 강세로 가고 있었다. 그러나 시장에서는 크리스마스 시즌을 맞아 많은 외환 딜러들이 휴가를 떠난 시장에 과연 일본 외환당국이 시장에 개입할 수 있을지에 대해 의문을 갖고 있었다. 그러나 구로다 차관보는 수행하던 기자들에게 "크리스마스이브라고 해서 개입이 없을 것이라고 가정하는 것은 잘못된 것"이라는 말을 해서 시장에 강력한 메시지를 전했다. 그리고 실제 3,700억 엔에 달하는 개입 물량을 크리스마스이브날 시장에 쏟아냈다. 외환 딜러들은 당시 구로다 차관보의 시장 개입을 '크리스마스 선물'이라고 해서 아직도 기억하고 있다.

일본은행은 아베 총리의 요구에 부응해서 일단 구로다 총재가 취임하기 전인 2013년 1월 통화정책 회의에서 '물가 안정 목표'와 '무기한 자산 매입 방식'을 새롭게 도입하기로 하고 정부와 공동성명을 발

표했다. 일본은행은 2012년 2월 '目途もくと'라는 명칭의 중장기 '물가 안정 목표'를 도입해 소비자물가의 전년 대비 상승률을 2% 이하의 플러스 영역으로 하되 당분간 1%로 제시하기로 한 바 있다. 2013년 1월 도입된 '물가 안정 목표'는 '目標もくひょう'로 소비자물가의 전년 대비 상승률을 2%로 결정했다. 일본어의 '目途'와 '目標'는 모두 우리말로 '목표'로 해석되지만 '目標'는 달성해야만 하는 강제성이 들어 있을 때 사용한다. 일본은행은 이렇게 목표를 의미하는 단어를 바꾼 것에 대해 "물가가 완만히 상승하는 것이 전망되는 가운데 2%라는 목표를 명확히 하는 것이 지속 가능한 물가상승률을 안정시키는 데 적당하다고 판단했다"고 밝혔다.

'아베노믹스'에 대해 엔화 가치의 하락인 '엔저'를 유도해서 '이웃 나라를 거지로 만드는 정책'이라는 비판도 강력하다. 그러나 통화정책이라는 측면에서만 본다면 그간 불명확했던 일본의 통화정책을 명료하게 만드는 사례로 평가하고 싶다. 아베 총리와 구로다 총재의 메시지는 시장의 기대를 움직였다. 주식시장에서 주가가 2013년 1~5월 50% 이상 올랐고, 돈을 풀 것이라는 기대에 엔화 가치가 떨어져 달러 당 100엔대 초반의 환율이 나타나기도 한다. 그러나 과연 디플레이션에 빠진 경제가 살아나는 모습을 보일지는 아직 알 수 없다. 실제 미국의 양적완화 축소 논란과 맞물리면서 2013년 5~6월, 일본 금융시장이 크게 출렁이는 모습을 보였다.

일본은행의 사례에서 본다면 통화정책의 미디어 커뮤니케이션은 인플레이션이냐 디플레이션이냐라는 '싸움의 상대'의 문제가 아니라 얼마나 명확하게 통화정책의 목표를 알리고 기대를 변화시킬 것이냐고 하는 '싸움의 방법'의 문제라는 것이다.

'블랙박스'를 열었다는 미국 연준의 물가 목표 제시

"버냉키 의장이 '블랙박스'를 열게 될 것이다."

2012년 1월 25일 연준이 사상 최초로 물가 목표치를 공개하기로 하자 「블룸버그 뉴스위크」가 내린 평가다. 연준은 법과 의회로부터 '물가 안정'과 '고용 극대'라는 두 가지 목표dual mandate를 부여받고 있는 것으로 인식되고 있다.[2] 그렇지만 과연 그 목표가 구체적으로 무엇을 의미하는지 일반 대중은 모르고 있었다. 물가 안정이 목표

---

2. 1913년 연준의 설립 당시 만들어진 '연방준비은행'에는 거시 경제 안정화와 관련된 정책 목표 규정이 없었으나 1930년대 대공황 이후 1946년 제정된 '고용법'에서 연준을 포함한 연방정부의 거시정책 목표로 고용 극대와 구매력 유지 등이 처음으로 제시됐다. 1977년 개정된 '연방준비은행법'에는 연준의 통화정책 목표를 '고용 극대' '물가 안정' '적정 장기금리의 달성'으로 규정됐고, 1978년 제정된 '완전고용과 균형성장법'에는 완전 고용과 물가 안정을 경제성장 목표로 규정했다. 그래서 연준은 1977년 이래로 '물가 안정'과 '고용 극대'를 통화정책의 목표로 부여받은 것으로 인식되고 있다.(황인선, 2012, p. 2)

중 하나라는데 그 목표가 연 2%인지 연 1%인지 몰랐고, 최대 고용이 목표라는데 그렇다면 실업률이 4%면 되는지 5%면 되는지 역시 몰랐다. 전문가들 사이에서 연준이 암묵적으로 물가 목표를 연 2%로 두고 있다는 인식이 퍼져 있었지만 그것을 연준이 확인해준 적은 없었다.

경제가 정상적인 상황이고 연준이 정책금리 조정을 통해서 일반 대중과 시장에 강력한 커뮤니케이션 신호를 보낼 수 있다면 문제가 없겠지만, 버냉키 의장이 당면한 현실은 '제로금리' 상황이었다. 연준은 2008년 9월 리먼브러더스 파산으로 발발한 글로벌 금융위기를 극복하기 위해 이미 2008년 12월 정책금리를 0~0.25%로 낮춰 놓은 상태였다. 이런 상황에서 더 이상 정책목표를 '블랙박스' 속에 가둬놔서는 안 된다는 인식이 FOMC 내부에 광범위하게 퍼진 것이다. 물론 그런 문제 제기를 한 것은 버냉키 의장이었다. 버냉키 의장은 학자 시절부터 인플레이션 목표를 투명하게 공개하는 게 일반 대중과 시장의 신뢰를 받는 길이라는 주장을 해왔다.

연준은 2012년 1월 25일 '장기목표와 정책 전략에 관한 성명서 FOMC statement for longer-run goals and policy strategy'를 발표해 장기 물가 안정 목표가 개인소비지출PCE, Personal Consumption Expenditure 물가지수 기준으로 연 2%로 설정하기로 했다고 밝혔다. 버냉키 의장은 성명서를 발표한 후 기자회견에서 그 이유를 상세하게 설명했다. 주요한 이유는 다음과 같다.

첫째, 통화정책의 투명성과 예측가능성을 높이기 위한 것이다. 일반적으로 정책 결정자와 일반 대중의 투명한 의사소통이 가계와 기업의 효율적인 의사 결정을 촉진하고 금융과 경제의 불확실성을 줄이는 한편 통화정책의 유효성과 책임성을 높이는 것으로 인식되고 있다. 둘째, 인플레이션 목표의 공표는 물가와 장기시장금리의 안정화에 기여할 것이고 이를 통해 연준은 고용 회복을 더욱 촉진할 수 있을 것이다. 셋째, 장기적인 시계에서 인플레이션은 주로 통화정책에 의해 결정되므로 연준은 장기 물가 안정 목표를 설정하고 달성할 능력이 있다.[3]

이런 일반적인 이유 외에도 '블랙박스' 속에 있던 연준의 구체적인 목표를 공개하는 건 글로벌 금융위기라는 특수한 상황 아래에서 다음과 같은 효과가 있을 것이다.

우선 장기 물가 안정 목표를 공개했기 때문에 이를 달성하기 위해 연준이 분명한 행동을 할 것이라는 기대를 일반 대중과 시장이 형성하게 된다는 것이다. 재닛 옐런 연준 부의장은 2012년 11월 연준의 위기 이후 통화정책을 상세하게 설명하기 위해 UC버클리에서 '중앙은행 커뮤니케이션의 혁명과 진화'라는 주제로 강연을 한 적이 있는데[4], 그 자리에서 "목표를 공개적으로 제시하는 것은 위기 이후에 통화정책 목표를 달성하는 데 필수적인 요소가 됐다"고 말했다.

---

3. 황인선(2012)
4. Yellen(2012)

여기에서 물가 목표를 4%나 1%가 아니라 2%로 제시한 게 중요한 의미를 가진다. 옐런 부의장은 강연에서 2%로 정하게 된 배경을 설명했다. 인플레이션이 발생했을 때 생기는 비용을 피하기 위해 '제로 인플레이션'을 목표로 한다면 경제에 충격이 왔을 때 통화정책의 여력이 사라지게 된다. 명목금리는 아직까지는 '제로금리'에서 더이상 내릴 수는 없다는 인식이 있다. 그런데 통화 완화 정책으로 '제로금리'까지 금리를 내려도 인플레이션 목표가 '플러스'라면 실질금리를 마이너스로 만들어서 경기를 부양할 수 있다는 것이다. 실질금리는 명목금리에서 인플레이션율을 뺀 것이다. 예컨대 명목금리가 0%라도 물가상승률이 2%라면 실질금리는 마이너스 2%가 되는 것이다. 그래서 옐런 부의장은 "물가 목표는 양(+)의 인플레이션 중에서 될 수 있는 한 낮은 수준을 설정해야 한다"고 말했다.

이에 앞서 올리비에 블랑샤르Olivier Blanchard IMF 수석 이코노미스트는 2010년 경제 충격에 대응하기 위한 방법의 하나로 중앙은행들의 통상적인 인플레이션 목표를 2%에서 4%로 높여야 한다고 주장하기도 했다. 인플레이션 목표가 2%라면 명목금리가 제로 하한Zero Lower Bound에 도달했을 때 실질금리를 마이너스 2%까지 만들 수 있지만, 4%가 되면 실질금리를 마이너스 4%까지 낮출 수 있어 통화정책의 여력이 커진다는 것이다. 또 2008년 노벨상 수상자인 폴 크루그먼Paul Krugman 프린스턴대 교수가 연준의 물가 목표 공개가 있은 후 3개월 후인 2012년 4월 연준의 인플레이션 타깃을 연 3~4% 수준으로 높여 실질금리의 하락을 유도해서 실업률을 낮춰야 한다고 주장하기도 했다.

그러나 중앙은행들은 1970년대에 겪었던 고 인플레이션으로 인한 고통을 잊지 않고 있기 때문에 여전히 통상적인 인플레이션 목표로 2%를 고수하고 있다. 프레더릭 미슈킨Frederic Mishkin 컬럼비아대 교수는 앨런 그린스펀 전 연준 의장이 제시한 물가 안정의 개념인 '물가 수준의 변화가 기업이나 가계의 의사 결정을 유효하게 바꾸지 않는 상태'를 인용해서 역사적으로 3%를 넘지 않는 수준이 최적 인플레이션율이라는 주장을 했다.[5] 역사적으로 물가상승률이 3%를 넘어서면 일반 대중들은 물가 안정이 더 이상 신뢰할 만한 중앙은행의 목표가 아니라는 인식을 하게 되고, "4%가 괜찮다면 왜 6%나 8%는 안 된다는 것인가"라는 질문을 던지기 시작한다는 것이다. 이는 1970년대와 1980년대의 고물가 시대를 불러온 원인이라는 것이다.

옐런 부의장은 '2%'란 목표는 FOMC에 참가하는 위원들[6]뿐만 아니라 모든 지역연방은행 총재가 모두 동의한 수치란 것을 강조하면서 "통상 FOMC의 성명서는 다음번 위원회까지 효력을 갖지만, 2012년 1월의 성명서는 장기적인 목표를 제시한 것으로 경제 전망이 바뀌어

---

5. Mishkin(2011)
6. FOMC는 12명의 위원으로 구성돼 있는데 연준의 이사 7명과 12개 지역연방은행 총 재 중 5명이 돌아가면서 참여한다. 5명의 지역연방은행 총재 중 뉴욕연방은행 총재는 당연직이고, 나머지 4명은 뉴욕을 제외한 11개 지역연방은행을 4개 권역으로 나누어 각 1명씩 선출하고 각 권역 내에서는 1년씩 교대로 참여한다.

도 당분간 유지되는 성격을 가진 것이다"라고 설명하고 있다. 버냉키 의장도 "실업률을 소폭 낮추기 위해서 인플레이션을 부추기는 무책임한 태도"라며 "연준의 물가 안정에 대한 일반 대중의 신뢰는 미국 경제의 중요한 자산"이라고 강조하면서 2%의 목표가 적정하다는 입장이다.

또 한 가지, 경제 위기 상황에서 물가 안정 목표를 설정하는 것은 중앙은행의 경기 부양책 추진에 있어서 행동의 자유를 준다는 게 옐런 부의장의 설명이다. 인플레이션 목표를 제시하는 건 기대인플레이션을 안착시키는 효과를 갖고 있다. 기대인플레이션이 안착된다는 의미는 실제 인플레이션이 장기 목표치에서 잠시 벗어나더라도 일반 대중들은 인플레이션 기대를 바꾸지 않는다는 것이다. 고용을 증대시키려는 연준의 경기 부양책은 인플레이션을 불러일으킬 우려가 있다. 그렇지만 기대인플레이션이 안착돼 있다면 이런 우려는 줄어들게 된다. 옐런 부의장은 "1970년대 오일 쇼크로 인해 불거진 물가, 기대인플레이션, 고용의 불안정은 기대인플레이션이 잘 안착돼 있지 않은 상태의 위험이 무엇인지 분명하게 보여준다"며 "(장기 물가 목표의 설정은) 일반 대중이 FOMC의 장기 물가 목표를 높이거나 낮추려는 조치로 오해하는 걸 피할 수 있도록 한다"고 말했다.

한편 연준이 2012년 1월 장기 물가 목표를 2%로 발표할 때 '블랙박스' 속에서 꺼낸 것은 물가 목표만은 아니다. 연준은 '최대 고용'의 구체적인 목표로 실업률 목표도 공개했다. 다만 일정한 수치에 대한 합의를 하지 못해 실업률 목표를 5.2%~6.0%라는 범위로 발표했다.

제로금리 바닥에 부닥친
선진국 중앙은행의 신新무기들

2008년 9월 세계적인 투자은행인 리먼브러더스의 파산으로 촉발된 글로벌 금융위기는 중앙은행의 통화정책을 뿌리에서부터 흔들었다. 혼란에 빠진 금융시장에 무제한의 자금을 공급하고 경기를 부양하기 위해서 연준 등 선진국 중앙은행들이 정책금리를 내리다 보니 '제로금리'란 바닥에 도달했기 때문이다.[7] '제로금리'는 중앙은행들이 가진 가장 강력한 커뮤니케이션 도구인 '금리 조정'을 불가능하게 만들었다. 금리를 올린다든가 내린다는 소식은 미디어를 통해 일반 대중과 시장의 기대를 변화시켜 통화정책의 목표를 달성하게 만든다. 그런데 더 이상 금리를 내릴 수가 없는데 어떻게 해야 될 것인가?

---

7. 덴마크 중앙은행은 2012년 7월 중앙은행이 제시하는 정책금리 중 하나인 예치금 금리를 기존의 0.05%에서 -0.2%로 낮춰 글로벌 금융위기 이후 공식적인 마이너스금리를 처음으로 제시했다. 예치금 금리는 은행들이 중앙은행에 여유자금을 만기 하루짜리 예금으로 예치할 때 중앙은행이 주는 금리이다. 이전까지는 중앙은행이 금리를 줬지만, 마이너스 금리가 되면서 은행들이 중앙은행에 금리를 줘야 된다. 덴마크의 통화인 크로네가 '안전자산'으로 여겨지면서 덴마크로 돈이 너무 많이 흘러 들어오자 이를 막기 위한 조치 중 하나였다. 다만 기준금리는 0.2%로 플러스를 유지했다.

연준은 이런 상황에 두 가지 신무기를 꺼내 들었다. 금리를 조정하지 않고 시장에서 채권을 매입해서 돈을 푸는 방식인 '양적완화'와 전적 정책 방향 제시 방식인 '포워드 가이던스'다. 두 가지 신무기 모두 결국은 경제주체의 기대를 변화시키는 데 목적이 있다.

우선 양적완화에 대해서 살펴보자. 사실 양적완화는 글로벌 금융위기 때 처음 나온 정책은 아니다. '20년 불황'을 겪고 있던 일본이 경기를 부양하기 위해 금리를 낮추다가 '제로금리'에 도달하자 2001~2006년 사용했던 정책이다.

연준은 2008년 12월 기준금리를 사실상 '제로금리'인 0~0.25%로 내렸다. 동시에 2008년 12월~2010년 3월 시장에서 총 1조 7,250억 달러어치의 모기지(장기부동산담보대출) 관련 채권과 국채 등을 매입하겠다는 1차 양적완화QE1를 실시했다. 버냉키 연준 의장이 양적완화 정책을 실시한 것은 '포트폴리오 조정 경로portfolio balance channel'를 통해서 시장의 금리를 낮추겠다는 포석이었다. 이는 연준이 시장에 있는 국채와 모기지 관련 채권을 사들이면 이들 채권에 투자하던 투자자들은 회사채시장으로 갈 것이기 때문에 민간 채권시장에 수요가 늘어 금리가 떨어지게 된다는 것이다. 이어 2010년 11월~2011년 6월에는 연준이 6,000억 달러 규모의 국채를 매입하는 2차 양적완화QE2를 실시했다. 2012년 9월부터는 매달 400억 달러어치의 모기지 관련 채권을 사들이는 3차 양적완화QE3를 시작했으며, 여기에 2013년 1월부터 매달 450억 달러어치의 국채를 추가로 사들이

표 2-1 연준의 주요 양적완화 정책

내용	기간	규모	대상
1차 양적완화(QE1)	2008년 12월~ 2010년 3월	1조 7,250억 달러	국채, 연방정부기관채, MBS(모기지채권)
2차 양적완화(QE2)	2010년 11월~ 2011년 6월	6,000억 달러	국채
3차 양적완화(QE3)	2012년 9월~	월 400억 달러	MBS
3차 양적완화 확대	2013년 1월~	월 850억 달러 (국채 450억 달러 추가 매입)	국채, MBS

기로 해서 매달 850억 달러어치의 채권을 시장에서 매입하는 것으로 QE3를 확대했다.

버냉키 의장이 주장한 '포트폴리오 조정 경로'는 실제 시장에서 연준이 채권을 사들이는 행위 자체가 금리에 영향을 미친다는 것이지만, 그보다는 양적완화 조치를 선언하는 자체가 시장 참가자들의 기대를 변화시켜 금리에 영향을 준다는 연구 결과가 속속 제시되고 있다.

재닛 옐런 연준 부의장은 2011년 미국 통화 정책 포럼에서 중앙은행의 커뮤니케이션을 주제로 한 강연에서 "현재의 채권 매입 프로그램이 직접 자산 가격과 수익률에 영향을 미칠 뿐만 아니라 향후 연준의 자산 매입에 대한 전망이 시장의 기대에 영향을 미친다는 이론적이고 실증적인 증거들이 제시되고 있다"고 말했다. 즉, 연준이 채권을 매입하겠다고 발표하는 것 자체가 장기금리의 하락과 연결돼 있다는 것이다.

조셉 가농Joseph Gagnon 피터슨 국제경제연구소 연구원 등이 QE1 기간 중의 연준의 커뮤니케이션과 채권금리의 관계에 대한 분석한 결과에 따르면 그 기간 중 여덟 번의 양적완화와 관련한 발표가 있었는데 채권 매입을 증가시키겠다는 발표는 금리를 떨어뜨리고, 채권 매입을 줄이겠다는 발표는 금리를 상승시키는 것으로 나타났다.[8] 마치 위기 때가 아닌 평시의 기준금리 조정과 같은 '공시 효과announcement effect'를 나타낸다는 것이다. 여덟 차례의 발표 때 금리 움직임을 모두 누적하면 10년 만기 국채 수익률이 91bp가 떨어졌다는 분석 결과도 덧붙였다.

하지만 마이클 우드퍼드 교수는 2012년 8월 소위 '잭슨홀 미팅'[9] 이라고 불리는 중앙은행 심포지엄에서 '금리 하한 하에서의 정책 조정 방법'이라는 논문[10]을 발표해서 양적완화의 유효성에 대한 의문을 제기했다. 양적완화와 관련한 연준의 발표가 당일 시장에 영향을 미

---

8. Gagnon et al.(2011)

9. 매년 8월이면 미국 와이오밍주의 인구 1만 명의 작은 도시인 잭슨홀은 연준을 포함해서 세계 각국 중앙은행 총재들로 붐빈다. 소위 '잭슨홀 미팅'이라고 불리는 미 캔자스시티 연방준비은행이 개최하는 경제정책 심포지엄 때문인데, 1978년부터 개최된 이 심포지엄에서 중앙은행가, 정책담당자, 통화금융학자들 100여명의 엄선된 참가자가 모여 통화정책의 현안과 미래의 도전과제에 대해 주제 발표를 하고 토론이 진행된다. 때문에 이 심포지엄에서 발표되는 내용들은 상당한 권위를 갖고 있다.

10. Woodford(2012)

친 것은 맞지만, 그 발표만 영향을 미쳤다고 보기에는 같은 날 발표 내용에 다른 많은 요소들이 포함돼 있다는 것이다. 예컨대 가농 연구원이 분석한 여덟 차례의 양적완화 발표 중 두 차례의 발표가 전체 91bp 하락 중에서 기여한 바는 73bp였다. 그런데 그 두 차례의 발표일이라는 게 1차 양적완화 정책을 처음 발표한 날인 2008년 12월 16일과 채권 매입 분량을 확대하겠다고 발표한 2009년 3월 18일이다. 2008년 12월 16일은 기준금리를 '제로금리'로 만들겠다며 '당분간' 저금리를 유지하겠다는 내용도 동시에 발표했다. 2009년 3월 18일에는 발표문에 '당분간'이란 문구 대신 '상당 기간' 저금리를 유지하겠다는 문구를 새로 넣은 날이다. 즉, 양적완화 내용 발표 자체보다는 기준금리 변경 시점을 예측할 수 있는 다른 문구가 삽입되면서 시장금리가 떨어졌을 가능성이 더 높다는 게 우드퍼드 교수의 주장이다.

더구나 우드퍼드 교수의 분석에 따르면 양적완화 기간 전체로 분석 범위를 넓혀 보면 QE1 기간과 QE2 기간 중에 시장금리가 상승하는 구간이 꽤 넓게 존재한다는 것이다. 이는 시장금리를 낮추려고 실시한 양적완화가 오히려 금리를 높이는 결과를 낳았다는 아이러니를 만들게 된다.

하지만 우드퍼드 교수도 양적완화가 미래 통화정책에 대한 기대를 바꾸는 것에는 도움이 된다는 것을 인정한다. 특히 미래 통화정책의 방향에 대해 명확하게 밝히면서 동시에 양적완화를 추진한다면 효과가 있다는 것이다. 즉, 경제가 완전히 회복될 때까지는 절대로 기준금리를 올리지 않겠다는 약속을 믿음직스럽게 하면서 채권을 매입해서 돈을 푼다면 '제로금리' 아래에서 강력한 통화정책 도구가 될 수 있다는 것이다. 2008년 12월 16일과 2009년 3월 18일의 사례가 그런 주장을 뒷받침한다는 것이다.

미래 전략을 미리 가르쳐주기 시작한 중앙은행들

제로금리 아래에서 연준이 들고 나온 두번째 신무기는 채권을 사들이는 '행위'가 수반하는 양적완화와는 달리 애초부터 '말'로 일반 대중과 시장을 움직이겠다는 목적을 가진 '포워드 가이던스'[11]이다. '포워드 가이던스'는 '사전적 정책방향 제시 방식'이라고 번역할 수 있는데, 태생부터 말 그대로 미래를 미리 알려주는 커뮤니케이션 방법이다. '제로금리'로 인해서 금리 조정이라는 강력한 중앙은행의 신호 전달 방식을 사용할 수 없게 되자 아예 말로 앞으로 금리가 어떻게 될 것이라고 가르쳐 주는 것이다.

2008년 9월 글로벌 금융위기가 촉발된 이후 연준이 처음 사용한 '포워드 가이던스'는 '음어code word'를 사용해서 일반 대중과 시장

---

11. 우드퍼드 교수는 '포워드 가이던스'를 중앙은행이 정책금리 또는 기준금리의 향방에 대한 신호를 전달하기 위한 커뮤니케이션 방법이라고 정의했다.(황인선, 2012)

에 신호를 보내는 방식이었다. 2008년 12월 연준은 기준금리를 0～0.25%로 낮추면서 통화정책 발표문에 "현재 경제 조건에서 보면 '당분간for some time' 기준금리가 예외적으로 낮은 수준을 유지될 것"이라고 조만간 금리를 올리기는 어려울 것이라는 연준 FOMC의 판단을 제시했다.

이후 '당분간'이라는 문구는 2009년 3월 '상당 기간for an extended period'으로 한층 더 강화된다. 여기서 '음어'라는 것은 '당분간' '상당 기간'이라는 문구로 명시적으로 시기를 못 박지는 않지만 시장에서 이 문구를 보고는 연준이 미래의 기준금리 전망을 제시한 것으로 해석하도록 하는 것이다.

하지만 연준의 '포워드 가이던스'는 여기서 그치지 않는다. 2011년 8월부터는 금리 조정 전망 시기를 명기하는 방식을 사용하기 시작한다. '당분간' '상당기간'이라는 다소 모호한 문구에서 아예 구체적인 시기를 명시하는 방식으로 바꿔서 일반 대중과 시장이 초저금리가 언제까지 유지될 것인지에 대한 기대를 형성하기 위해 명확한 메시지를 보내겠다는 것이다.

2011년 8월 FOMC 성명서에는 최소한 '2013년 중반'까지는 제로금리를 유지하겠다고 공표했다. 이는 2012년 1월에 '2014년 말'로 미뤄졌고, 2012년 9월에는 '2015년 중반'까지 초저금리를 유지하겠다고 공표했다.

이같이 '포워드 가이던스' 문구를 FOMC 발표문에 넣는 이유는

표 2-1 연준의 포워드 가이던스 변화

시기	제로금리 유지 기간 표현 문구
2008년 12월	당분간
2009년 3월	상당기간
2011년 8월	2013년 중반
2012년 1월	2014년 말
2012년 9월	2015년 중반
2012년 12월	실업률 6.5% 미만, 인플레이션 2.5% 이상

다음과 같다. 시장 참가자들이 2012년에 적어도 2015년까지 기준금리를 조정하지 않겠다는 연준의 말을 믿는다면 '앞으로 3년은 단기금리가 오르지 않을 것'이라는 기대를 하게 되고 그에 따라 장기금리가 떨어지는 효과를 낳을 수 있다는 것이다. 그 시기를 현재보다 멀리할수록 장기금리가 낮은 수준에서 유지되는 시기도 길어질 것으로 기대되면서 당장의 시장금리도 떨어지는 효과가 나타난다. 특히 시장 참가자가 명확하게 연준의 의도가 무엇인지 읽게 된다면 그 효과는 즉각적으로 나타날 것이라는 것이다. 마이클 우드퍼드 컬럼비아대 교수는 "단순한 경제 전망에 대한 정보보다는 중앙은행의 정책 의도에 대한 정보가 시장 참가자들의 기대에 영향을 더 강력하게 미친다"며 '포워드 가이던스'의 영향력이 크다고 주장했다.

'포워드 가이던스'는 글로벌 금융위기 이후 처음 등장한 것은 아니다. 2003년 8월에도 연준은 '상당 기간for a considerable period'이라는 음어를 사용해서 당시 기준금리가 연 1%였던 저금리 기조를 상당 기간 유지할 것이라고 시사하기도 했다. 또 글로벌 금융위기 이후 구체적인 금리 조정 시기를 명기하는 '포워드 가이던스'를 처음 사용한 중앙은행도 연준은 아니다. 2009년 4월 캐나다 중앙은행은 "2010년 2분기 말까지 정책금리 수준을 연 0.25%에서 동결하겠다"고 공표하기도 했다. 또 아예 뉴질랜드, 노르웨이, 스웨덴 등의 중앙은행은 통화정책 보고서에서 향후 정책금리 전망을 제공하고 있기도 하다.

'포워드 가이던스'가 효과적이라는 연구 결과도 잇달아 발표되고 있다. 뉴욕 연방준비은행은 2013년 1월 "연준의 '가이던스'에 따라 경제전망가들이 통화정책 전망을 수정한 것으로 나타났다"는 내용의 보고서를 웹사이트에 올렸다. 우드퍼드 교수가 2012년 8월 잭슨홀 미팅에서 발표한 제로금리 아래에서 어떤 정책이 실제로 작동했는지 분석한 연구 보고서[12]도 결국은 '양적완화'보다는 '포워드 가이던스'가 효과적이라는 내용이다. 연준이 어떤 특정 시기까지 기준금리를 올리지 않겠다고 선언하는 것은 비유하면 결국 운전사인 연준이 경제라는 자동차의 액셀레이터를 계속 밟겠다는 것이다. 이는 경제에 오랫동안 '싼 자금'을 공급하겠다는 것이고, 사업가들이 이런 내용을 잘 이해한다면 이 게임에 참가해서 많은 수익을 내라는 '자극적인 신호'를 보내고 있는 것이다.

---

12. Woodford(2012)

하지만 '포워드 가이던스'가 의도한 결과와 다른 반응을 이끌어내기도 하는 역효과를 나타내기도 한다. 2012년 1월 연준은 "2014년 말까지 예외적으로 낮은 금리를 유지하겠다"고 금리 조정 전망 시기를 '2013년 중반'에서 '2014년 말'로 바꾼다고 발표했다. 이 때 뉴욕타임스는 "연준이 경제가 완전히 회복되는 시기가 멀어졌다는 신호를 보냈다"라고 보도했다. 2009년 4월 스웨덴 중앙은행은 기준금리를 연 0.5%로 낮추면서 "기준금리는 2011년 초까지 낮은 수준을 유지할 것으로 기대된다"고 '포워드 가이던스'를 던졌지만, 시장은 '더 이상 기준금리 인하는 없다'라고 해석해서 시장금리가 오르는 현상이 벌어지기도 했다. 그러나 스웨덴 중앙은행은 같은 해 7월 기준금리를 다시 인하해 시장의 전망이 잘못됐었다는 게 나중에 판명됐다.

'에반스 룰Evans' Rule'의 등장

"실업률이 6.5%보다 높고, 1~2년 후의 인플레이션 기대치가 연준의 장기 물가 목표인 연 2%보다 0.5%p 높지 않는 한 정책금리는 현행 0~0.25% 범위로 유지하겠다."

연준은 2012년 12월 FOMC 발표문에서 '포워드 가이던스'가 진화된 형태의 또 다른 시도를 한다. '2015년 중반'까지 '제로금리'로 유

지하겠다는 문구를 '실업률 6.5% 초과, 기대인플레이션율 2.5% 이하'
인 상태에서는 '제로금리'를 유지하겠다고 시점 제시에서 조건 제시로
'포워드 가이던스'의 내용을 바꾼 것이다.

경제 회복 속도에 따라 이 조건이 달성되는 시기가 달라지겠지만,
CNBC닷컴의 추정에 따르면 성장률이 3.25~3.75% 수준을 유지하
면 실업률이 매년 0.6%p씩 하락해서 2015년 말이나 돼야 실업률이
6.5%로 떨어진다. 그러나 현재 미국의 성장률은 2~3% 수준. 그렇다
면 기존의 '2015년 중반'이라는 문구보다는 더 완화된 내용이라고 평
가할 수 있다. 그래서 벤 버냉키 연준 의장은 2013년 2월 27일 하원
금융위원회에 출석해 "합리적으로 추정해본다면, 실업률이 6%에 도
달하려면 3년은 더 걸릴 것"이라고 말한 바 있다. 하지만 '2015년 중
반'이라고 시점을 못 박으면 그것이 연준의 정책 여지를 줄여버릴 수
있지만, 실업률과 기대인플레이션을 조건으로 제시하면 시점을 못 박
는 데서 오는 경직성을 줄일 수 있다.

여기에서 또 하나. 1~2년 후의 기대인플레이션율이 2.5%를 넘
지 않는다는 조건이 가진 의미가 있다. 연준은 2012년 1월 장기 물
가 목표를 연 2%라고 공표했다. 그런데 장기 물가 목표보다 더 높은
기대인플레이션율이 나타나도 괜찮다는 것은 일시적으로 물가가 장
기 목표보다 벗어나더라도 용인하겠다는 신호라는 것이다. 실업률
을 낮추기 위해 경기를 부양하다보면 인플레이션율이 높아지는 현
상이 나타날 수 있다. 이때 경직되게 인플레이션율이 2%를 정확하

게 가리키면 바로 금리 인상으로 돌아서지 않는다는 신호를 보낸 것이다. 이와 관련해서 재닛 옐런 연준 부의장은 "장기 물가 목표는 중심 경향central tendency이다"라며 "통화정책의 목표는 인플레이션율이 2%, 실업률이 6%로부터 크게 벗어나지 않도록 편차를 최소화하는 것"이라고 말했다.

연준이 이런 '실업률-물가' 연계 목표를 제시할 것을 주창했던 사람 중에 대표적인 인사는 찰스 에반스Charles Evans 시카고 연방준비은행 총재였다. 그래서 연준의 이런 '실업률-물가' 연계 목표를 시장에선 '에반스 룰'이라고 부르기도 한다. 에반스 총재는 2011년 9월 유럽 경제금융센터에서 개최한 한 세미나에 참석해 '에반스 룰'의 아이디어를 다음과 같이 제시했다.

"지난 8월 FOMC가 단기금리를 2013년 중반까지 낮게 유지할 것으로 전망한다고 발표한 것은 올바른 방향이라고 생각합니다. 그런 언급은 조기에 긴축 정책을 펼 것이라는 (기대를 불러오는) 장애물을 없애는 것이기 때문입니다. 그렇지만 우리의 이중 목표(최대 고용과 물가 안정)를 고려하고 금융위기라는 강력한 방해물을 고려한다면 좀 더 공격적인 접근을 해야 한다고 생각합니다. 그 한 가지 방법이 이중 목표를 조건부로 해서 정책 조정을 한다는 단순한 조건부 정책 발표를 하는 것이라고 봅니다. (중략) 예컨대 실업률이 현재 9.1%에서 7.5%나 심지어 7%로 떨어지기 전까지 또 중기인플레이션이 3% 미만에 머무

르는 동안에는 기준금리를 예외적으로 낮은 수준으로 유지하겠다고 발표하는 것입니다." **13**

에반스 총재는 이런 주장을 점점 더 정교하게 만들어 '실업률 7%, 인플레이션율 3%'를 '제로금리' 유지의 조건으로 제시하자는 주장을 하기 시작한다. 즉, 연준은 두 가지 사건 중 하나가 일어날 때까지 기준금리를 '제로금리'로 유지하는 것을 약속하는 '포워드 가이던스'를 발표하라는 것이다. 두 가지 사건 중 첫째는 '실업률이 7% 미만으로 떨어지는 것'이고 둘째는 '중기 물가 전망이 3%를 넘어서는 것'이다. 장기 물가 목표가 2%지만, 그보다 짧은 기간 동안에는 실업률을 낮추기 위해 물가 목표를 넘어서는 인플레이션을 용인하겠다는 신호를 일반 대중과 시장에 보내자는 것이다. 에반스 총재는 자신의 아이디어를 '7/3 임계점threshold 정책'이라고 이름 붙이고 동료 FOMC 의원들을 설득해나갔다.

에반스 총재는 한 강연에서 FOMC에서 '에반스 룰'이 논의되던 과정을 상세하게 소개했다.**14**

"나는 금리 인상이 시작되는 게 적절하다고 생각되는 경제 조건을 묘

---

13. Evans(2011)
14. Evans(2012)

사하기 위해 구체적이고 수치로 제시되는 임계점을 제시하는 방안을 옹호해 왔습니다. 이런 관점에서 나는 혼자가 아니었습니다. 2012년 10월 FOMC 회의에서 이 방안을 두고 격렬한 논쟁이 오갔고, 나라야나 코체르라코타 미니애폴리스연방은행 총재, 에릭 로젠그린 보스턴 연방은행 총재, 재닛 옐런 연준 부의장이 이 방안을 지지한다고 공개하기 시작했습니다."

논의 과정에서 에반스 총재가 기존에 주창했던 '7/3'이라는 수치보다는 '6.5/2.5'가 보다 합리적인 것으로 결론이 내려졌다. 실업률 6.5%까지는 인플레이션 위험을 최소화할 수 있다는 분석 결과가 보태졌다. 다른 위원들은 인플레이션율 3%에 대해서 거부감을 많이 표시했다. 코체르라코타 총재는 실업률 임계점으로는 5.5%, 인플레이션 임계점으로는 2.25%를 제시하기도 했다. 그러나 결론적으로 '6.5/2.5'라는 임계점을 제시하기로 의견이 모아진 것이다.

재닛 옐런 연준 부의장은 "기준금리를 유지하는 기간으로 구체적인 시점이 아니라 임계점을 제시하는 방식은 경제 전망에 영향을 주는 새로운 정보가 제공됐을 때 일반 대중이 기대를 즉시 조정할 수 있도록 한다"며 "경제가 악화된다는 정보가 제공되면 자동적으로 시장 참가자들은 긴축이 시작되는 시기가 더 멀어질 것으로 기대하게 되고, 반대의 경우에는 반대의 전망을 하게 될 것"이라고 말했다.

명목 GDP 목표제를
둘러싼 논쟁

2012년 11월 조지 오스번George Osborne 영국 재무장관이 차기 잉글랜드은행 총재에 마크 카니Mark Carney 캐나다 중앙은행 총재가 내정됐다고 밝히면서 세계 금융계를 깜짝 놀라게 한다. 카니 총재는 캐나다 국적으로, 잉글랜드은행 318년 역사상 처음으로 외국인이 총재에 영입된 것이기 때문이다. 카니 총재는 2013년 7월, 8년 임기의 잉글랜드은행 총재에 취임했다.

그런데 잉글랜드은행이 외국인을 총재에 영입했다는 사실 외에도 카니 총재는 중앙은행의 커뮤니케이션과 관련해서 중요한 의미를 가진다. 왜냐하면 카니 총재는 캐나다 중앙은행 총재 시절 미래의 금리 변경 전망 시점을 미리 알려주는 '포워드 가이던스'를 사용하는 등 다양한 커뮤니케이션 기법을 시험해왔기 때문이다. 특히, 카니 총재가 통화정책의 목표로 물가 대신 GDP를 사용하는 게 일반 대중에게 중앙은행의 목표를 더 쉽게 이해할 수 있도록 한다는 주장을 하고 있어 중앙은행의 미디어 커뮤니케이션 방법의 혁신이 일어날지 주목한다.

앞으로 잉글랜드은행 총재로서 어떤 정책을 펼지 시장의 관심이 높아지는 가운데, 카니 총재는 잉글랜드은행 총재로 지명된 후 한 달 후인 2012년 12월 캐나다 공인회계사회에서 '중앙은행의 커뮤니케이션'을 주제로 해서 강연을 한다. 그 강연에서 카니 총재는 '인플레이션 목표제' 대신에 '명목 GDP 목표제'가 효과적일 수 있다는 언급을 해서 '명목 GDP 목표제'에 대한 논쟁의 불을 지핀다.

　1990년대 이후 주요국 중앙은행들이 채택했던 인플레이션 목표제는 중앙은행이 달성해야 될 타깃으로 인플레이션율 목표를 공표하고 이의 달성을 위해 기준금리 등을 조정하면서 경제를 운용해가는 것이다. '명목 GDP 목표제'는 공표하는 목표의 대상이 인플레이션율에서 명목 GDP로 바뀌는 것. 예컨대 현재 연준의 물가 목표가 연 2%이고, 실질 GDP 증가율이 3%[15]라면 일반 대중과 시장에 공표하는 명목 GDP 성장률 목표는 5%가 된다. 이 경우 2008년과 같은 글로벌 금융위기가 닥쳤을 때 실질 GDP 성장이 마이너스에 근접하거나 마이너스가 됐다면 물가상승률을 5% 이상을 용인할 정도로 돈을 푼다는 신호를 일반 대중과 시장에 보낸다는 것이다. 한편 명목 GDP 성장률이 아니라 명목 GDP 수준을 목표로 제시해서 그 수준이 달성될 수 있도록 통화정책을 펴야 한다는 주장도 있다. '명목 GDP 목표제'를 주장하는 사람들은 일반 대중은 명목 GDP, 실질 GDP, 물가상승률의 차이와 관계를 이해하기 어렵기 때문에 단순하게 명목 GDP를 통화정책의 목표로 제시하는 것이 중앙은행의 커뮤니케이션을 분명하게 만들 수 있다고 주장한다.

---

15. 미국의 실질 경제성장률은 약 3% 선에서 안정적으로 유지돼 왔다고 한다.(Sumner, 2011)

여기서 마크 카니 총재가 강연에서 '명목 GDP 목표제'를 언급하는 대목에 대해서 살펴보자. 카니 총재는 청중들에게 명목금리가 제로 하한에 도달했을 때 인플레이션 목표제 아래에서는 전통적인 통화정책 수단인 정책금리 조정이 불가능하기 때문에 다른 비전통적인 수단을 쓸 수밖에 없다는 사실을 주지시킨다. 카니 총재는 비전통적인 수단의 대표적인 것으로 앞에서 살펴본 바 있는 '포워드 가이던스'를 든다. 특히 연준이 2012년 12월 제시한 실업률 6.5%, 기대인플레이션율 2.5%에 도달할 때까지 제로금리를 유지하겠다는 '임계점 제시 방식의 포워드 가이던스'를 설명한 후에 카니 총재는 다음과 같이 '명목 GDP 목표제'를 고려할 수 있다고 언급한다.

"만약 (임계점 제시 방식의 포워드 가이던스 외에) 추가로 경기 부양이 필요하다면, 정책 틀 자체가 바뀌어야 할 수 있습니다. 인플레이션 목표제 아래에서 임계점을 제시하는 것보다 명목 GDP 수준을 목표로 채택하는 게 여러 측면에서 더 강력한 효과를 나타낼 수 있기 때문입니다. 왜냐하면 이는 통화정책에 '역사 의존적'인 성격을 더해주기 때문입니다. 명목 GDP 목표제 아래에서 과거는 과거일 뿐이지 않게 됩니다. 중앙은행이 '과거는 과거일 뿐이다'라면서 손을 놓는 게 아니라 과거에 따라잡지 못했던 명목 GDP 수준에 도달하게 정책을 펴도록 강제하는 효과가 있다는 것입니다.(중략) 정책금리가 제로금리라는 하한에 묶여버린다면 명목 GDP 목표제에 대해 보다 우호적인 환경이 조성됩니다. 경제 상황이 예외적이 되고 (GDP) 격차의 폭도 고려하게 되면서 그 같은 정책이 보다 신뢰성이 있고 (일반 대중이) 이해하기도 쉽게 됩니다."

카니 총재가 영국에서 맞닥뜨리게 될 상황은 '트리플 딥(세 번째 경기 침체)'의 우려까지 나오는 암울한 영국의 경제 상황이다. 영국의 정책금리는 2009년 3월 '제로금리'나 다름없는 연 0.5%로 내린 채 그대로 유지되고 있다. 그래서 시장에서는 이 상황을 타개하기 위해 카니 총재가 뭔가 새로운 통화정책 수단을 꺼낼 것이라고 보고 있다. 그래서 '제로금리' 하한에 도달했을 때 '명목 GDP 목표제'가 효과적이라는 카니 총재의 발언이 관심을 끌었다.

카니 총재가 이런 언급을 한 직후 '화폐 환상Money Illusion'이라는 블로깅 페이지를 통해 '명목 GDP 목표제' 확산을 주장해 온 스콧 섬너Scott Sumner 미국 벤틀리대 교수는 FT에 '명목 GDP를 새로운 목표로 만들자'라는 기고를 해서 카니 총재의 주장을 옹호한다. 섬너 교수는 2008년의 사례를 들면서 만약 투자자들이 명목 GDP가 축소될 때 빠르게 회복되도록 정책을 편다는 것을 알았다면 자산 가격이 급락하지 않았고 수요도 안정적으로 유지됐을 것이라고 주장했다. 이는 주가, 상품 가격, 부동산 가격이 몇 년 후 가격 전망에 강하게 영향 받기 때문에 2008년의 자산 가격 급락은 중앙은행이 명목 GDP를 유지하기 위해 단호한 행동을 할 것이라고 투자자들에게 각인시키는 데 실패했기 때문이라는 것이다. 투자자들의 기대를 유지시키는 데는 '명목 GDP 목표제'가 커뮤니케이션에 유리하다는 것이다.

그러나 카니 총재의 주장에 대해서 반론도 만만치 않다. 통화경제학의 거장인 찰스 굿하트 런던정경대 전 석좌교수는 2013년 1월 '중앙은행은 인플레이션이라는 면도날 위를 걷고 있다'는 FT 기고에서 '명목 GDP 목표제'가 인플레이션 기대를 높일 위험성에 대해서 경고한다. 우선 기술적으로 보면 '명목 GDP 목표제'가 혁신적인 통화정책이라는 주장이 있지만 분기에 한 번씩 발표되는 명목 GDP의 발표 시점과 매달 이뤄지는 통화정책의 시행 시점의 차이를 극복할 수 있는 방법을 고안한 학자나 중앙은행은 없다는 것이다. 또 명목 GDP 목표라는 것은 인플레이션 목표를 높이겠다는 방법에 다름 아니라는 것이다. 예컨대 명목 GDP 목표가 5%인데 실질 GDP가 제로 수준으로 떨어지면 물가 목표는 자동적으로 5%가 된다. 이는 결국 잘 안착돼 있던 기대인플레이션의 족쇄를 풀어버리게 되고, 중앙은행의 반응 함수에 대한 불확실성을 높여 시중금리를 낮추는 게 아니라 높여버리게 될 것이라는 게 굿하트의 주장이다. '명목 GDP 목표제'를 통해 경제가 어려울 때 시중금리를 낮춰 경기를 부양하려는 목적과는 다른 결과가 나타날 것이란 예상이다.

머빈 킹 잉글랜드은행 총재도 2013년 1월 "기대인플레이션을 안착시킨 게 인플레이션 목표제의 가장 성공적인 측면이다. 이런 성공을 놓치는 것은 책임감이 없는 것이다"라고 언급하기도 했다.

FT의 유명 칼럼니스트인 마틴 울프Martin Wolf는 "현재 영국의 명목 GDP는 위기 전에 비해 13%나 적다. 이 상황에서 명목 GDP 목표를 정하는 것은 매우 어렵다"고 언급하기도 했다.

이런 논란이 일자 카니 총재는 인준을 위한 영국 의회의 청문회에 출석해서는 "아직 명목 GDP 목표제의 장점에 대해 완전히 확신하고 있는 것은 아니다"라면서 한발 물러섰다. 대신 자신이 캐나다 중앙은행 총재로서 이미 실험해봤던 '포워드 가이던스'는 잉글랜드은행의 커뮤니케이션 정책의 하나로서 추진해보겠다는 의사를 밝혔다. 카니 총재는 "변화에 대한 저항은 높다. 그렇지만 토론을 해봐야 한다. 토론은 길지 않을 것"이라고 했다. 카니 총재는 "신축적인 인플레이션 목표제 아래에서 장래의 정책에 대해 커뮤니케이션을 강화할 필요가 있다"고 강조했다.

'명목 GDP 목표제'를 채택한다면서 '인플레이션 목표제'를 버리는 것은 '목욕물을 버리려다 아이까지 버리는' 우愚를 범하지 않을까라는 우려가 많은 게 사실이다. 또 과거 1970년대와 1980년대 전 세계가 인플레이션을 통제하지 못해 고통을 받았던 경험을 갖고 있다. 지금은 경기 침체로 고통 받고 있지만 언젠가는 경기가 회복될 것이고 그때가 돼서 문제는 인플레이션이 될 것이다. 1990년대 이후 중앙은행은 미디어 커뮤니케이션 정책을 통해 '인플레이션 파이터'라는 이미지를 쌓는 데 성공했다. 그렇지만 글로벌 금융위기 극복 과정에서 '인플레이션 파이터'라는 이미지가 깨진다면 또 다시 '인플레이션 파이터'라는 이미지를 쌓기 위해 얼마나 많은 시간을 투자해야 할지 모른다.

카니 총재를 영입한 영국의 잉글랜드은행이 맞닥뜨렸던 문제는 글로벌 금융위기 이후 세계 모든 중앙은행이 갖고 있는 딜레마인 것이다.

제로금리가 불러온
중앙은행 미디어 커뮤니케이션의 혁신

2008년 투자은행인 리먼브러더스의 파산 이후 전 세계 금융시장은 돈이 돌지 않는 신용경색에 빠졌다. 이에 대응해 중앙은행들은 기준금리를 낮추고 시중에 자금을 수혈하는 정책을 일제히 펼쳤다. 각국 정부도 재정정책을 동원해 금융이 혼란에 빠지면서 사라져버린 수요를 되살리기 위해 돈을 쏟아부었다.

이런 과정에서 선진국 중앙은행들이 도달한 한계는 '제로금리'. 더 이상 금리를 낮출 수 없는 상태였다. 중앙은행들이 일반 대중이나 시장에 그동안 중앙은행의 의도를 전달했던 가장 강력한 수단은 기준금리를 조정하는 것이었다. 인플레이션 목표를 공표하고 나서 실제 인플레이션이 상승해서 그 목표에 근접하거나 넘어가면 중앙은행들은 기준금리를 올렸다. 그 신호를 접한 시장에선 자산 가격을 떨어뜨리고 일반 대중들은 가계의 씀씀이를 줄이고 임금인상 요구 등을 자제했다. 수요가 줄어들 것을 예상한 기업들도 구조조정에 나서는 등의 움직임을 보였다. 반대로 인플레이션이 더디고 경기가 어려워질 것 같으면 중앙은행은 기준금리를 내렸다. 이때는 반대의 일이 시장과 가계, 기업 사이에서 일어나 경기가 되살아났다. 그런데 그렇게 강력한 커뮤니케이션 도구인 기준금리를 조정할 수 없는 세상이 오자 선진국 중앙은행들은 혁신적인 커뮤니케이션 도구들을 꺼낼 수밖에 없었다. 평온했던 시기보다 위기의 시기에 중앙은행의 커뮤니케이션이 더 중요하게 된 것이다.

기준금리를 낮추지 않고 시장에서 국채 등을 매입해서 돈을 풀겠다는 '양적완화'의 발표는 마치 기준금리를 낮추는 것과 같은 효과를 금융시장에 줬다. 불안에 떨던 금융시장이 잠시나마 안정을 찾고 주가는 상승했다. 최근에는 미국에서 부동산 가격도 꿈틀대는 모습을 보이고 있다. 그러나 푼 돈은 대부분 은행 등 금융회사에 머물렀다. 또 그래도 선진국보다는 전망이 좋은 신흥국으로 일부 흘러가기도 했다. 그래서 돈을 풀어도 선진국에서 경제 성장은 지지부진했고 인플레이션율도 심각하지 않았던 것이다. 어찌 보면 '양적완화'는 시장과 일반 대중의 기대를 변화시키는 심리적인 효과만 가졌는지도 모른다. 다른 선진국보다 먼저 '제로금리'에 도달했던 일본이 2001~2006년 양적완화 정책을 폈지만 경기가 살아나지 않았던 것도 결국은 기대를 움직이지 못했기 때문일 수도 있다. 2012년 하반기 '아베노믹스'가 등장하기 전까지 일본은행이 '양적완화'에 부정적인 것도 실은 과거의 실패 사례가 있기 때문이었다.

그렇지만 글로벌 금융위기를 맞아 연준 등은 '양적완화'에 더해 '포워드 가이던스'라고 미리 정책금리 전망을 명확하게 가르쳐줘 일반 대중과 시장의 기대를 바꾸는 것을 추구하는 방식을 추가로 도입했다. 당분간 초저금리를 유지하겠다는 발표는, 그 기간이 2013년 중반, 2014년 말, 2015년 중반 등으로 초저금리 유지 기간이 멀어졌다. 급기야는 실업률이 6.5% 아래로 떨어지기 전까지, 기대인플레이션이 2.5%를 넘어서기 전까지는 제로금리를 유지하겠다는 선언을 하기에 이르렀다. 현 상태로 볼 때 이처럼 오랜 기간 초저금리가 유지된다는 게 확실하다면 마음 놓고 돈을 빌려 위험(리스크)을 추구하는 경제 활동을 할 것이다. 그래서 이 같은 선언은 금리 인하와 마찬가지의 신호를 시장에 보냈다. 주가가 상승하고 부동산 가격이 꿈틀대게 된 것이다. 2013년 초 미국의 다우지수는 사상 최고치를 갱신했다. 그렇다고 미국 경제가 사상 최고로 잘 운용되고 있는 것은 아니다. 2013년 경제성장률은 2% 정도에 머물 것으로 예상되고 있다. 그럼에도 불구하고 주가가 사상 최고치를 경신한 것은 이렇게 기대를 조절하고자 하는 중앙은행의 의도가 미디어 등에 제대로 반영이 되면서 '기대경로expectations channel'가 정상적으로 작동한 것으로 볼 수 있다.

그러나 제로금리 아래에서 일어났던 이 같은 중앙은행 미디어 커뮤니케이션의 혁신이 지속가능한 것인지는 아직 결론을 내기 힘들다. 물론 보다 투명한 중앙은행을 지향했던 1990년대 이후 중앙은행의 커뮤니케이션 변화와 맥락을 같이하고 있기는 하다. 그렇지만 그동안 '인플레이션 파이터'라는 이미지를 심기 위한 노력과는 방향이 다르고 오히려 어찌 보면 '인플레이션 유발자'를 추구한다고 보이기 때문이다. 한편 선진국 중앙은행의 경험이 우리나라에도 적용될 수 있을지도 미지수다. 선진국들은 '제로금리'라는 하한에 도달했지만, 우리나라는 2013년 4월 현재 기준금리가 연 2.75%로 여전히 명목 기준금리 인하라는 강력한 커뮤니케이션 도구를 사용할 여지가 남아있기 때문이다. 다만 우리나라의 경우 선진국보다 금리가 높아야 자본의 유출이 억제되기 때문에 금리 하한이 제로금리는 아닐 것이다. 2008년 글로벌 금융위기 직후 연 2%까지 기준금리를 내린 경험이 있기 때문에 우리나라의 기준금리 하한은 최대 연 2% 정도가 아닐까 추정한다.

제3장

금통위의 금리 결정 신호가 통화정책의 기대경로에 미치는 영향

CENTRAL BANK COMMUNICATION

통화정책의 기대경로를
논의할 필요성[1]

　통화정책의 다양한 파급경로[2] 중에서 최근 들어 기대경로의 중요
성이 강조되고 있다. 기대경로는 통화정책이 경제주체들의 경기전망
과 인플레이션 기대를 변화시켜 소비와 투자의 결정, 물가 등에 영향

---

1. 이 장은 저자의 박사학위 논문 지도교수인 하준경 한양대 교수와 공동으로 작업한
　　것이다. 이 장의 일부는 『금융연구』 제27권 1호에 '통화정책과 커뮤니케이션: 금통위
　　의 의사결정이 미디어의 금리 결정 보도에 미치는 영향'이라는 제목의 논문으로 게재
　　됐다.
2. 중앙은행의 통화정책은 길고 다양한 경로를 거쳐서 실물경제에 영향을 미치는데,
　　통화정책이 생산과 물가 등 실물경제에 파급되는 경로에는 금리경로(interest rate
　　channel), 자산가격경로(asset price channel), 환율경로(exchange rate channel), 신
　　용경로(credit channel), 기대경로(expectation channel) 등이 있다. (한국은행, 2005,
　　p. 135, Mishkin, 1996)

을 주는 것을 말한다.[3] 이러한 기대경로가 효과적으로 작동하기 위해서는 중앙은행과 경제주체들 사이에 의사소통, 또는 커뮤니케이션 통로가 확보되고 이를 통해 중앙은행에 대한 신뢰가 쌓여야 한다. 과거 '비밀주의'를 최고의 덕목으로 여기던 중앙은행들이 1990년대 중반 이후 정보공개와 투명성을 강조하고 나서는 것도 이러한 커뮤니케이션 필요성에 대한 인식을 반영한다고 할 수 있다.

기대경로는 전문가 그룹을 매개로 하는 경우와 일반 대중을 매개로 하는 경우로 나눠 살펴볼 수 있다.[4] 전문가 그룹은 중앙은행이 홈페이지 등을 통해 공개하는 금리 결정 발표문, 기자회견문, 금통위 의사록 등을 통해 직접적으로 커뮤니케이션하는 비중이 높고, 일반 대중은 미디어의 보도를 통해 간접적으로 커뮤니케이션하는 비중이 높다. 전문가 그룹은 중앙은행과의 직접 커뮤니케이션을 통해 금융시장에 영향을 미치는 반면 일반 대중은 미디어를 매개체로 해서 통화정책의 내용을 전달받아 경기전망, 인플레이션 기대 등을 형성하고 임금협상 등에 나서거나 투자, 저축 등의 경제적 의사결정을 실행한

---

3. 한국은행(2005, p. 146) 참조.
4. Blinder and Wyplosz(2004)는 통화정책의 청중을 광범위한 대중과 정치인을 한 묶음으로 그리고 금융시장 참가자를 다른 한 묶음으로 나눠 파악했고, 광범위한 대중은 매스 미디어를 통해 통화정책과 가장 잘 연결될 수 있다고 보았다. Cuckierman(2005)은 중앙은행에 대한 신뢰도가 높은 경우에 일반 대중은 일상적인 인플레이션의 변동에 관심이 없을 수 있지만, 그럼에도 불구하고 금융시장 참가자들은 인플레이션에 대해 상시적으로 점검을 하게 된다고 하면서 중앙은행 정책의 청중을 일반 대중과 금융시장 참가자라는 두 부류로 구분했다. 이 때 일반 대중의 인플레이션 변동에 대한 무관심은 합리적인 무관심(rational inattention)으로 해석할 수 있다고 주장한다.

다. 그러므로 통화정책이 장기적으로 전반적인 경제에 영향을 미치는 데 관심을 가진다면 미디어를 매개로 한 기대경로가 전문가 그룹을 통한 기대경로 못지않게 중요하다고 할 수 있다.

이와 같이 통화정책의 기대경로가 중요하고 또 그 중요성이 강조되는 추세이기는 하나 이에 대한 연구의 축적은 아직 많지 않다. 그나마도 금리 결정이나 경제전망에 대한 발표가 채권, 주식시장 등 금융시장에 미치는 효과에 대한 연구가 대부분이다. 그런데 기대경로의 매개체를 전문가 그룹과 일반 대중으로 구분해서 보면, 금리 결정 발표가 금융시장에 미치는 영향을 연구하는 것만으로는 기대경로의 전반적인 모습을 밝히는 데는 한계가 있다. 금융시장은 사실상 중앙은행과 전문가 그룹 사이의 직접적 커뮤니케이션의 결과를 우선적으로 반영하기 때문이다. 거시경제에 장기적이고 근본적인 변화를 일으키는 일반 대중과의 커뮤니케이션 효과는 빠져 있다는 것이다. 그래서 통화정책이 일반 대중에게 어떤 경로로 영향을 미치고 이는 다시 거시경제에 어떻게 영향을 미치는지에 대한 연구가 중요하다고 하겠다.[5]

이러한 문제의식에서 본 연구는 중앙은행과 일반 대중 사이의 커뮤니케이션 과정에 초점을 맞추고자 한다. 한은 금통위의 통화정책

---

5. "문헌들을 보면 (중앙은행의) 커뮤니케이션이 중요한 (통화) 정책 수단이라는 것에 동의하고 있지만, 놀랍게도 정책 전달 과정에서의 미디어의 역할에 대해선 거의 연구되지 않았다."(Berger et al., 2006)

의 신호를 미디어가 어떻게 수용해서 일반 대중에게 전달하는지를 분석해 통화정책 기대경로의 작동 매커니즘을 밝혀보고자 한다. 구체적으로는 금리 결정 신호를 종이신문들이 얼마나 비중 있게 다루고 그것이 어떤 요인들에 의해 결정되는지를 분석하기로 한다. 금리 결정에 대한 보도를 미디어가 얼마나 중시하느냐, 그리고 그것이 어떤 요인들에 의해 결정되느냐를 밝히는 것은 중앙은행이 통화정책을 수행할 때 일반 대중에 대한 커뮤니케이션 효과를 극대화하기 위해 무엇을 고려해야 하는지를 알려주는 중요한 단서가 될 수 있다.

미디어가 금리 결정 보도를 얼마나 중시하는지에 대한 결정 요인으로는 크게 금리 결정 사실 그 자체, 금리 결정 당시의 경제 상황, 총재의 성향 등이 있을 것으로 예상된다. 미디어가 금리 결정 보도를 중시하는 정도는 미디어의 관련 보도 분량을 통해 측정할 수 있다. 이에 따라 본 논문은 2002년 1월부터 2011년 12월까지 10년 간 금통위의 금리 결정일과 그 다음 날의 종이신문의 금리 결정에 대한 보도 분량을 측정해서 종속변수로 사용한다. 독립변수로는 금리 인상, 동결, 인하 등 금리 결정 사실, 금리 결정 당시의 각종 거시경제 지표, 그리고 결정 당시의 총재도 변수로 고려함으로써 총재의 성향이 금리 결정 보도 분량에 영향을 미치는지에 대해서도 분석을 시도한다. 또 금통위의 금리 결정 신호가 뉴스 보도에 '충격효과'를 주는지 알아보기 위해 금리 결정 내용이 전문가들의 예상과 부합하는지 여부에 따라 미디어 보도 분량이 달라지는지 여부도 검증하고자 한다. 여기서 금통위의 금리 결정 신호는 금리 인상, 동결, 인하 등 금리 결정 사실뿐만 아니라 시장의 예상에 부합하는지 아닌지에 따라 예상된 인상, 충격적 인상, 예상된 동결, 충격적 동결, 예상된 인하, 충격적 인하 등 6가지의 경우의 수가 생기게 된다.

통화정책과 중앙은행의 커뮤니케이션에 관한 기존 연구

통화정책과 중앙은행의 커뮤니케이션에 대한 연구는 1990년대에 들어서야 본격적으로 시작됐다. 사실상 1980년대까지만 해도 중앙은행은 커뮤니케이션을 하지 않는 것을 미덕으로 여겼기 때문이다. 벤 버냉키 연준 의장은 2004년 한 연설에서 1920~1944년 잉글랜드은행 총재로 재임했던 몬터규 노먼이 평생 좌우명으로 삼았던 '절대로 설명하지 말고, 절대로 사과하지 말라'라는 문구를 소개하면서 "중앙은행가들이 대중과 이야기하지 않던 시절이 있었다"고 했다.[6] 1979~1987년 미국 연준이사회 의장이었던 폴 볼커는 금리 결정 내용을 즉시 발표하지 않는 것에 대해 1984년에 다음과 같이 옹호한 적이 있다.

---

6. Bernanke(2004)

"(연준의) 결정을 즉시 발표하는 것의 위험성 중 하나는, 실제로는 미래의 일들에 의존하는 어떤 행위들을 우리가 공약해버린 것처럼 생각하게 할 수도 있다는 것이다. 그리고 그 같은 해석과 기대는 우리에게 필요한 정책 유연성을 감소시킬 수 있다."[7]

또 1987~2006년 연준 의장이었던 앨런 그린스펀은 1989년 "(금리 결정 내용을) 대중에게 발표하는 것은 정책을 시의적절하게 조정하는 것을 방해할 수 있다"고 말했다. 당시는 연준의 FOMC가 내리는 금리 결정 내용을 공개하지 않던 때였다.

이 같은 중앙은행의 비밀주의에 대해 칼 브루너 로체스터대 교수는 다음과 같이 풍자하는 글을 남겼다.

"중앙은행의 업무는 비밀스러운 기술이라는 인식이 만연해 있다. 오직 소수의 전문가만이 이러한 기술에 접근하여 이를 적절히 구사할수 있다. 더욱이 그들이 통찰하고 있는 내용을 명확하고 이해하기 쉬운 문장으로 제대로 표현하지 못하는 것을 보면 이러한 기술이 얼마

---

7. One danger in immediate release of the directive is that certain assumptions might be made that we are committed to certain operations that are, in fact, dependent on future events, and these interpretations and expectations would tend to diminish our needed operational flexibility.(Blinder et al., 2008, p. 16)

나 비밀스러운 것인지를 알 수 있다."[8]

이와 관련해서 중앙은행의 불투명성이 통화정책 수행에 효율적이라는 연구 결과도 존재한다. 앨런 멜처Alan Meltzer 미국 카네기 멜론대 교수와 알렉스 쿠키어만Alex Cukierman 이스라엘 텔아비브대 교수는 공동 연구[9]에서 어느 정도의 불투명성이 중앙은행 통화정책의 효율성을 강화한다는 결론을 내렸다. 이는 완전하게 투명한 중앙은행은 '시장이 예기치 않는 충격효과'를 만들어낼 수 없기 때문이라는 것이다. 이들은 예견되지 않는 통화정책만이 중요하며, 중앙은행의 선호는 대중에게 정확히 알려지지 않는다는 두 가지 가정 위에서 이러한 결론을 얻어냈다.

그러나 중앙은행의 비밀주의는 1990년대를 거치면서 탈색돼갔다. 중앙은행의 정보공개와 투명성이 통화정책의 효율성을 높인다는 연구 성과가 쌓여 갔기 때문이다. 중앙은행론의 대가인 마이클 우드퍼드 교수가 2001년 잭슨홀 컨퍼런스에서 한 다음과 같은 연설은 중앙은행의 투명성과 커뮤니케이션에 대해 학계의 분위기가 어떻게 바뀌

---

8. Central Banking...thrives on a pervasive impression that [it]...is an esoteric art. Access to this art and its proper execution is confined to the initiated elite. The esoteric nature of the art is moreover revealed by an inherent impossibility to articulate its insights in explicit and intelligible words and sentences(Blinder et al., 2008, p. 7). 번역문은 김병화, 『중앙은행과 통화정책』, 학민사, 2012, p.165 참조.
9. Cukierman and Meltzer(1986)

었는지 잘 설명해준다.

"성공적인 통화정책이란 초단기금리를 효율적으로 통제하는 것보다
는 시장의 기대심리에 영향을 미치는 것이다. 따라서 통화정책의 투
명성은 정책의 유효성을 높이는 데 절대적으로 중요하다. 이러한 견
해가 과거 수십 년에 걸쳐 중앙은행과 통화정책 전문가들 사이에서
점차 널리 확산되고 있다."[10]

실제로 각국 중앙은행들은 투명성을 강화하고 커뮤니케이션을 중
요시하는 방향으로 움직이고 있다.[11]

---

10. Successful monetary policy is not so much a matter of effective control
of overnight interest rates...as of affecting...the evolution of market
expectations...[Therefore,] transparency is valuable for the effective conduct
of monetary policy...this view has become increasingly widespread among
central bankers over the past decade(Blinder et al., 2008, p. 7). 번역문은 김병
화, 『중앙은행과 통화정책』, 학민사, 2012, p. 165 참조.
11. 각국 중앙은행이 통화정책의 투명성을 강조하게 된 데는 물가 안정 목표제를 도입하
게 된 것도 큰 영향을 미쳤다. 물가 안정 목표제는 중앙은행이 명시적인 중간목표 없
이 일정기간 동안 또는 장기적으로 달성해야할 물가목표치를 미리 제시하고 이에 맞
춰 통화정책을 운영하는 방식으로 1990년 뉴질랜드에서 처음 도입된 이후 영국, 스
웨덴 등 선진국과 한국, 멕시코 등 신흥시장국 그리고 체코, 폴란드 등 체제전환국
으로 확산되고 있다.(한국은행, 2005, p. 51) 물가 안정 목표제가 다른 통화정책 운
영체계와 근본적으로 다른 점은 통화정책의 대외적인 측면을 중시한다는 것이다. 다
시 말해 중앙은행이 달성하고자 하는 물가 안정 목표를 명시적으로 공표하고 일반
국민들이 이 목표를 준거로 해서 각종 경제행위에 대한 의사결정을 하도록 유도하
는 '의사소통과 피드백 관계(communication and feedback)'를 중시한다.(한국은행,
2005, p. 53)

미국의 경우 1994년 2월부터 기준금리인 연방기금금리의 목표치를 바꾸는 경우 FOMC 회의 후 발표문을 공표하기 시작했다. 그 이전까지만 해도 연준이 회의 결과를 발표하지 않았기 때문에 어떻게 정책방향을 결정했는지에 대해 시장 참가자들은 통화정책이 실제 실행되는 것을 보고서야 판단할 수 있었다. 1997년 8월부터는 발표문에 연방기금금리 목표금리의 수치를 명시하기 시작했다. 1999년 5월부터는 FOMC 회의에서 정책편의bias가 바뀔 때는 이를 언급해서 시장 참가자들이 앞으로의 정책방향을 파악할 수 있도록 했다. 2000년 1월부터는 금리 변경이 없는 경우에도 FOMC 회의 후에 발표문을 공표하고 있으며, 2002년 3월부터는 찬성과 반대 위원들의 명단을 공개하고 있다. 2005년 2월부터는 FOMC 회의록을 다음 회의 전에 공개하고 있으며, 2011년 4월부터 연준 의장이 기자회견을 열어 미디어에 통화정책 내용을 설명하고 있다.

EU 회원국들의 통화정책 주권을 이양 받아 설립된 ECB는 여러 나라들의 이해관계가 얽혀 있기 때문에 출범 시기인 1998년부터 투명성을 강조하고 있다. ECB는 매월 첫번째 정책이사회 직후에 총재가 미디어 앞에 나와 정책 결정의 배경을 설명하는 기자회견을 개최하고 있다. 다만 ECB는 정책이사회의 의사록은 30년 후에 공개하도록 하고 있고 표결 결과도 공표하지 않아 비판을 받기도 한다.[12]

우리나라의 경우 1998년 4월 시행된 개정 한국은행법에 따라 과거 금융통화운영위원회를 이어받은 금통위가 독립적으로 기준금리

표 3-1 주요국 중앙은행의 의사록 공개 현황

국가명	공개시기	단축연혁	실명여부	공개언어
미국	3주후	6주→3주(2004년 12월)	무기명	영어
스웨덴	2주후	–	실명	스웨덴어, 영어
영국	2주후	6주→2주(1998년 11월)	무기명	영어
이스라엘	2주후	–	무기명	히브리어, 영어
일본	약 1개월후	–	무기명	일본어, 영어
호주	2주후	–	무기명	영어
한국	6주후	3개월→6주→2주	무기명	한글
유로지역	비공개	–	–	–
캐나다	비공개	–	–	–
뉴질랜드	비공개	–	–	–

자료: 한국은행

를 결정하고 있는데, 금통위가 처음부터 운용목표인 콜금리를 월별로 결정하고 발표한 것은 아니었다. 1998년 초만 해도 통화량 중심의 통화정책을 수행했기 때문에 금통위는 매분기 초에 분기별 공개시장조작의 기본방향을 의결한 후 발표했다. 그러나 1999년 1월부터 매

---

12. ECB는 다음과 같은 논리로 의사록 비공개를 옹호하고 있다. 정책이사회에는 회원국 중앙은행 총재가 구성원으로 참가하고 있는데, 의사록이나 투표 결과가 공개될 경우 이사회 구성원들이 자국의 이해에 상충되는 발언이나 표결을 하기 어렵고 외부의 압력을 받을 소지가 있다는 것이다. 또 총재가 기자회견 등을 통해 충분히 배경설명을 하기 때문에 구태여 의사록을 공개할 필요가 없다고 주장한다.(한국은행, 2005, p. 88)

월 통화정책 방향을 결정하는 체제로 바뀌어 매월 통화정책 방향을 공개하고 있다. 다만 1999년 5월 이전에는 통화정책 방향에서 '콜금리의 하향 안정화를 유도한다'는 식으로 애매한 표현을 사용했으나, 5월 금통위 회의에서는 '콜금리는 현 수준을 중심으로 안정적으로 운용한다'고 표현했다.

당시 콜금리가 연 4.75% 내외에서 움직이고 있었으므로 실질적으로 연 4.75%를 목표로 본 것이고, 이때부터 구체적인 수치가 목표로 제시되기 시작한 것이다. 이후에는 금리 목표를 조정할 때는 통화정책방향 발표문에 그 폭을 명확하게 기술하기 시작했다.

우리나라는 한은 총재가 목표금리 수준을 변경했을 때뿐만 아니라 동결했을 때에도 결과를 공표하고 자세한 배경 설명을 하고 있다. 한편 금통위 의사록은 2005년 4월부터 회의가 열린 지 6주 후에 공개하고 있고, 2012년 9월부터는 이를 2주 후로 당겼다.

합리적 기대 가설과
중앙은행의 커뮤니케이션

기대경로를 통한 통화정책의 유효성을 높이기 위해 통화정책의 투명성이 필요하다는 것 자체만으로 중앙은행의 커뮤니케이션이 중요하다는 주장이 성립되는 것은 아니다. '합리적 기대 가설'이 완벽하게 작동한다면 경제주체들이 중앙은행의 정책 결정에 대한 관찰을 통해 중앙은행의 정책 결정 준칙을 합리적으로 도출할 수 있고 가용한 경제 데이터를 활용해서 중앙은행의 금리 결정 패턴을 합리적으로 예측할 수 있다는 결론을 이끌어 낼 수 있기 때문이다. 즉, '일반 대중이 '관측치'로부터 중앙은행의 목표와 의도를 도출해내는 정도'라는 라르스 스벤슨Lars Svensson 스웨덴 중앙은행 부총재의 중앙은행 투명성 개념을 도입하면 중앙은행이 커뮤니케이션을 하지 않더라도 합리적 기대가 충족되기만 하면 중앙은행이 완전한 투명성을 발현할 수 있는 것이다.[13] 다시 말해, 합리적 기대 가설 아래에서 예측 가능한 준칙에 의거해서 중앙은행이 정책 결정을 내린다거나 정보가 민간과 중앙은행 사이에서 완전하게 대칭적으로 공유된다면 중앙은행의 커뮤니케이션 노력은 굳이 필요하지 않게 된다. 그래서 중앙은행의 커뮤니케이션이 의미를 가지려면 '합리적 기대 가설'이 그대로 적용되어서는 안 되고, 중앙은행과 시장 사이에서는 '대칭적 정보'나 '약속된 정책 준칙'이 없어야 한다.

그러나 실제로 중앙은행이 정책에 대해 설명하려는 노력을 기울이지 않는데도 대중이 통화정책을 완벽하게 이해해서 합리적 기대를 형성하리라고 가정하는 것은 적어도 단기적으로는 이상적이고 비현실적이다. 벤 버냉키 연준 의장은 2004년 한 연설에서 학계의 연구

---

13. Blinder et al., 2008, pp. 10–13 참조.

결과를 인용해서 경제주체들이 경제 상황이나 통화정책을 받아들일 때 합리적 기대가 아니라 '적응적 학습adaptive learning'[14] 방식으로 받아들인다고 하면서 이 경우 경제는 최적의 합리적 기대 균형에 수렴하지 못하기 때문에 중앙은행의 커뮤니케이션을 통해 경제를 균형으로 이끌 수 있고, 이 때문에 중앙은행의 커뮤니케이션이 의미를 가질 수 있다고 주장했다.[15]

키프로스 출신 경제학자인 아타나시오스 오르파니데스Athanasios Orphanides와 샌프란시스코 연준의 이코노미스트 존 윌리엄스John Williams의 연구[16]에 따르면 '적응적 학습' 방식을 통해 경제 주체가 경제 상황을 인식하는 경우에 고인플레이션과 경기침체의 결합인 스태그플레이션이 나타날 수 있다고 하는데 그 논리는 다음과 같다. 만약 일시적인 인플레이션이 있다고 한다면 합리적 기대 아래에서는 그것이 경제주체들의 기대에 영향을 미칠 수 없다. 그러나 적응적인 학습을 한다면 일시적인 인플레이션이라고 하더라도 경제주체들의 장기 인플레이션 기대의 평균이 상승하게 된다. 인플레이션 기대가 올라가

---

14. 여기서 적응적 학습과 적응적 기대(adaptive expectation)는 구분할 필요가 있다. 적응적 기대 가설은 과거의 기대치와 실제 실현된 값을 비교해서 괴리가 존재하면 그 괴리를 좁혀나가는 방식으로 기대를 형성한다는 것이다. 반면 적응적 학습은 시간이 지남에 따라 새로운 데이터가 활용 가능하게 되면 경제주체가 기대 준칙을 그에 맞춰 조정해나간다는 것이다. 적응적 기대는 체계적인 오류가 발생할 수 있으나, 적응적 학습에선 체계적인 오류는 발생하지 않는다.(Evans and Honkapohja, 2001, p. 10–15)
15. Bernanke(2004)
16. Orphanides and Williams(2003)

면 이는 임금과 가격의 변화에 영향을 주고, 투자나 저축 등 다른 경제적 결정에도 영향을 미치게 되어 결국은 실제 인플레이션율도 높아지게 된다. 인플레이션 기대와 인플레이션이 서로 상승작용을 하는 이 같은 악순환 속에서 중앙은행은 어쩔 수 없이 긴축적인 통화정책을 펴게 된다. 그 결과는 합리적 기대의 경우보다 높은 인플레이션과 낮은 생산, 즉, 스태그플레이션이다. 이 같은 적응적 학습의 조건 아래에서는 중앙은행이 커뮤니케이션을 강화해서 경제주체가 보다 정확한 장기 기대를 형성하도록 도와주는 것이 바람직한 경제 상황을 이끌어내는 결과를 가져온다는 것이다.

한편 잉글랜드은행 총재인 머빈 킹도 2005년 한 연설에서 "합리적으로 최적화하는 행동을 한다는 것은 너무 과한 가정이다. 실제 의사결정은 '경험적 발견법heuristics'을 사용해서 이뤄지는 것 같다"고 하면서, "인플레이션 목표제 아래에서 가장 좋은 경험적 발견법은 기대 인플레이션을 물가 목표와 같게 만드는 것이다"라고 주장했다.[17] 이 경우 중앙은행의 커뮤니케이션은 그와 같은 '경험적 발견'을 통한 믿음을 형성해 주는 기초로서 대중의 기대를 목표 수준에 맞추는 데 잠재적으로 매우 중요한 역할을 하게 된다는 것이다.

---

17. King(2005)

1990년대 이후 중앙은행 커뮤니케이션에 대한 연구 성과의 축적

중앙은행의 커뮤니케이션은 1990년대 이후 중앙은행의 투명성과 통화정책 파급경로로서 기대경로의 중요성이 높아지면서 점차 그 중요성이 강조돼 왔고, 이에 따라 연구 성과도 쌓이고 있다.

이제까지 중앙은행의 커뮤니케이션에 관한 실증분석은 주로 중앙은행의 정책 발표가 금융시장에 미치는 영향에 대한 연구가 주류를 이뤄왔다. 앨런 블라인더 교수 등이 2008년 중앙은행의 커뮤니케이션에 대한 연구에 대해 광범위한 서베이[18]를 벌인 후 이제까지의 연구 결과를 다음과 같이 정리했다.

첫째, 중앙은행 커뮤니케이션의 '모범사례best practice'에 어떤 정책들이 포함돼야 하는지에 대한 합의는 아직까진 이뤄지지 않았다.

둘째, 많은 나라에서 통화정책 결정의 예측가능성이 높아졌으며, 실증 분석에 따르면 중앙은행의 커뮤니케이션이 양적으로 늘어나고 질적으로 향상될수록 (경제의) 잡음을 줄여 예측가능성이 높아졌다는 것을 알 수 있다.

셋째, 그러나 (커뮤니케이션 와중에) 너무 많은 엇갈린 신호를 보내는

---

18. Blinder et al.(2008)

경우 통화정책의 예측가능성이 떨어지는 것으로 나타났다.

넷째, 단기적인 중앙은행 커뮤니케이션의 일환으로 경제나 통화정책에 대한 중앙은행의 전망을 공개하는 것은 금융시장에 현저한 영향을 미치는 것으로 나타났고, 중앙은행의 커뮤니케이션이 뉴스를 만든다는 아이디어를 연구 결과들이 지지하는 것으로 나타났다. 중앙은행이 시장을 바른 방향으로 이끌려는 신호를 의도적으로 전달하는 것은 중앙은행에 도움이 되기보다는 방해를 한다는 연구 결과도 있다.

다섯째, 장기적인 중앙은행 커뮤니케이션의 일환으로 중앙은행의 목표와 전략을 공개하는 것에 대한 연구는 아직은 협소하다. 즉, 다른 많은 거시변수가 있기 때문에 인플레이션 목표나 물가 안정에 대한 수량적인 정의를 제시하는 것의 영향을 한정해서 분석하기는 쉽지 않기 때문이다. 다만 물가 목표 제시 등이 인플레이션 기대를 일정범위 안으로 안착한다는 것에 대해서는 명확한 증거가 있다.

한편 중앙은행의 커뮤니케이션이 금융시장에 미치는 영향에 대한 기존 연구들에서는 금리 결정 발표문, 의사록, 보고서 등 공식적인 문서의 발표가 채권시장이나 주식시장의 수익률에 어떤 영향을 주는지를 분석하는 것들이 많았고, 금융시장에 영향을 주는 통로로서 미디어의 역할을 분석한 연구는 거의 없었다. 왜냐하면 기존 연구에서는 금융시장 참가자들을 전문가 그룹과 일반 대중으로 구분하지 않

있고, 금융시장 참가자들은 모두 전문가 그룹처럼 중앙은행과 직접적인 커뮤니케이션이 가능하기 때문에 미디어를 매개로 할 이유가 적다고 봤기 때문이다.

그러나 중앙은행의 커뮤니케이션이 일반 대중에게 미치는 영향을 파악하기 위해서는 그 매개체로서의 미디어를 통한 영향에 대한 연구가 필수적이다. 미디어를 통한 금리 결정 보도의 결정 요인에 대해 분석으로는 헬게 베르게Helge Berger 베를린자유대 교수 등의 연구[19]가 선구적이다. 이들은 1999년 10월~2005년 1월 중 ECB의 금리 결정에 대해 57개 유럽지역 신문(경제지는 18개)의 미디어 보도 분량[20]과 보도태도[21]를 지수화해서 측정한 후에 미디어 보도 분량과 우호도의 결정 요인이 무엇인지에 대해 분석했다. 분석 결과 ECB가 금리를 변경할 때, 그리고 미디어가 부정적인 내용으로 보도하는 경우에 보도 분량이 늘어나는 경향이 있었다. 또 물가상승률이 ECB의 인플레이

---

19. Berger et al.(2006)

20. Berger et al.(2006)은 보도 분량을 다음과 같은 5점 척도로 매월 금리 결정 보도를 지수화해서 파악했다.
　0－빈약: 통신기사를 기반으로 한 작은 뉴스, 다른 뉴스에 몇 문장 언급되는 것 또는 아예 보도하지 않는 것.
　1－부족: 한 줄 제목 또는 자사 기자가 쓴 작은 뉴스 아이템.
　2－보통: 1면에 나가지는 않았지만 중간 정도의 중요성을 가진 기사. 두 줄 또는 세 줄 제목.
　3－풍부: 1면에 작게 다룬 후에 다른 면에 주요 기사로 다룬 것.
　4－매우 풍부: 주요 뉴스, 1면에 4~6 칼럼의 제목으로 다룬 것.

21. 보도태도는 －2(매우 부정적), －1(부정적), 0(중립적), 1(우호적), 2(매우 우호적)의 5점 척도를 사용했다.

션 목표인 2%를 넘어가는 경우와 산업 생산이 평균을 넘어가는 경우에 보도 분량이 늘어나는 것으로 분석됐다. 그러나 시장을 놀라게 하는 경우에는 보도 분량이 줄어드는 것으로 나타났으며 통계적으로 유의하지도 않았다. 이들은 '충격효과' 더미로 로이터통신의 전문가 대상 폴poll 결과와 금리 결정이 다른 경우에 더미변수에 1을 주는 방법을 사용했다.

이에 앞서 네덜란드 흐로닝언대의 야콥 드 한 교수와 에라스무스 대학의 파비안 앰텐브링크Fabian Amtenbrink 교수는 ECB의 통화정책 보도와 관련된 흥미로운 분석[22]을 하기도 했다. 1999~2000년 FT와 프랑크푸르터 알게마이네 자이퉁FAZ의 ECB 금리 결정 보도를 분석[23]해보니 FT는 ECB와 다른 정부 사이의 갈등이나 ECB 내의 의견 불일치에 대해 더 집중적으로 보도한다는 것을 발견했다. 그리고 그 요인은 과거 영국과 독일의 금리 관련 의사결정 구조가 다른데 기인한다고 해석했다. 영국을 기반으로 한 FT는 잉글랜드은행처럼 다양한 의견이 수렴되는 방식을 선호하고, 독일이 기반인 FAZ는 일치된 결론을 공개하는 ECB의 결정방식을 선호했다는 것이다. 같은 사안이라도 언론 성향에 따라 다르게 일반 대중에게 전달할 수 있다는 것이다.

---

22. Haan and Amtenbrink(2003)
23. Haan and Amtenbrink(2003)는 FT와 FAZ의 기사를 1대1로 비교하는 방법을 사용했다.

2006년 발표된 베르게 교수 등의 금리 결정 보도의 결정 요인에 대한 선구적인 분석 이후에 중앙은행 커뮤니케이션에서 미디어의 역할이나 미디어의 금리 결정 보도 결정 요인을 분석하는 논문들이 간혹 나오고 있으나 아직은 연구 성과들이 일반론을 구축할 만큼 풍부하게 축적되지는 않았다. Böhm, Král and Saxa(2009)의 연구에서는 2002년 1월~2007년 9월의 체코중앙은행CNB, Czech National Bank의 금리 결정에 대한 4개 체코 일간지의 금리 결정 보도의 결정 요인을 분석했다. 이들은 시장에서 예상치 못한 '충격', 금리 변경이 있는 경우 등이 보도 분량[24]을 늘리는 효과가 있음을 확인했다. 체코에서는 시장에서 예상치 못한 충격을 미디어가 부정적으로 해석하지 않고 있으며 미디어가 인상이나 인하에 상관없이 금리 변화에 높은 관심을 보인다는 결론을 얻었다. 특히 금리 결정에 대한 보도 분량은 시장금리의 반응, 기준금리 변화, 전망 발표 더미, 환율 변화에 통계적으로 유의미하게 반응한다는 분석이다. 이들은 시장금리 절댓값의 변화와 전문가들의 전망과 실제 금리 결정의 차이 등 두 가지 방법으로 '충격효과'를 측정했는데, 시장금리 변화로 측정한 '충격효과'만 통계적으로 유의미하게 보도 분량을 늘린다는 결과를 얻었다.

한편 미디어를 매개로 한 중앙은행의 커뮤니케이션이 일반 대중이 아니라 금융시장에 미치는 영향에 대한 분석도 일부 진행됐다.

---

24. Böhm, Král and Saxa(2009)는 기사에 들어가 있는 단어 숫자를 보도 분량으로 삼았다.

Hayo, Kutan and Neuenkirchet(2008) 등의 연구가 1998~2006년 미국 FOMC의 금융시장에 대한 직접 커뮤니케이션 성과와 미디어를 통한 효과를 비교해서 분석했는데, 금융시장 참가자들이 FOMC의 각종 공식 발표에 대해 직접적인 반응도 보이지만 미디어를 통과했을 때 더 강하게 반응하는 등 '미디어의 필터링 효과'가 있다는 것을 확인했다. Hayo and Neuenkirchet(2010) 등의 연구에서는 1998~2006년 캐나다 중앙은행의 금리 결정에 대한 미디어를 통한 공시효과를 분석했다. 캐나다에서도 미디어의 필터링 효과가 있다는 것을 확인했으며, 중앙은행의 공식 발표가 채권시장에서 상대적으로 영향력이 크고 주식시장에서는 미디어의 보도가 더 연관성이 크다는 것을 발견했다.

우리나라에서는 금리 결정 보도의 결정요인에 대한 연구는 없으나, 경제뉴스의 보도 논조가 일반 국민의 경제 상황 인식에 미치는 영향을 연구한 성과는 있다. 이완수(2007), 이완수·심재철·박양수(2007) 등이 경제뉴스의 보도 논조와 부정적인 뉴스[25] 빈도[26]가 국민의 경제 상황 인식과 실제 소비행위, 경제 상황에 미치는 예측관계를 분석했다. 이들은 국내 언론이 경제 여론의 주도자 또는 의제 설정자의 역할을 수행하는 경향을 발견했다. 특히 언론의 논조는 경기가 하

---

25. Fogarty(2005)는 미디어 경제뉴스 보도 요인을 정치경제학적으로 분석하는 서베이 논문에서 미디어는 경제뉴스를 ① 부정적인 뉴스이거나 ② 경쟁적인 다른 기사 거리가 없거나 ③ 실제 경제 상황을 알리기 위해 보도한다고 정리했다.

강국면에 놓여 있을 때 소비자 기대심리 형성에 더 많은 영향을 준다는 결론을 얻었다.

Ju(2008)는 한국에서 부정적인 경제뉴스 보도[27]가 일반 대중의 경제에 대한 평가에 미치는 영향을 분석했다. 우선 연구자는 경제 침체기에는 부정적인 뉴스 보도가 경제 현실과 유의미하게 연관돼 있었지만 경제가 나아지고 있을 때는 긍정적인 뉴스 보도가 감소하는 경향을 확인했는데, 이는 미국, 영국 등 외국에서 나타나는 현상과 같았다. 일반 대중의 경제에 대한 평가와 관련해서는 경제 현실과 뉴스 보도 모두 영향을 주고 있었지만, 그 정도에 있어서는 뉴스 보도가 경제 현실보다 더 큰 영향을 주고 있는 것으로 나타났다.

---

26. 이 연구들에선 설명변수인 경제보도 변수로서 부정적인 뉴스 빈도와 미디어 논조지수를 만들어 사용했다. 이들 연구는 한국언론재단 뉴스전문검색 서비스인 KINDS를 이용해, 1998년 12월 1일~2005년 12월 31일 조선일보(당시는 조선일보도 KINDS에 서비스를 제공했으나 현재는 제공하지 않는다), 동아일보, KBS, SBS 등 4개 매체에서 '경제'란 주제어로 경제관련 뉴스를 검색했다. 이후 기사(n=2520)의 논조를 '매우 부정적(-2)'에서 '매우 긍정적(2)'까지 5점 척도로 나눠 평가한 후 월 단위로 부정적인 논조(매우 부정적, 부정적)의 기사 건수를 추출해 빈도변수를 만들었다. 또 이를 월 단위로 합산한 뒤 평균 논조값을 계산해서 경제논조 지수를 만들었다. 이 경우 논조지수가 높으면 긍정적인 보도가 많음을 의미한다. 경제뉴스 논조 분석에는 연구자 외에도 2명의 언론학 전공 대학원생 코더가 참여했다고 밝히고 있다.
27. 이때 조사 대상은 1999~2004년의 조선일보와 동아일보의 1면 기사들이었다. 경제, 경기순환, 회복, 침체 등의 단어가 들어가 있으면 분석대상으로 삼았는데, 이때 기사(n=181)에 실업률, 인플레이션율, 물가 증가 등의 내용이 언급돼 있으면 부정적인 기사로 간주했다.

금리 결정 보도 분량 분석을 위한
데이터 수집방법

여기에서는 2002년 1월부터 2011년 12월까지의 10년간 매월 금통위의 기준금리 결정에 대한 미디어의 보도 분량 결정 요인을 분석하고자 한다.

우선 분석 대상 기간과 관련해서는 한은이 1999년 5월부터 목표금리를 발표해왔으나 2002년을 시점으로 선택했다. 일반 대중이 적응적 학습 과정을 통해서 경제정책을 인식한다고 가정하면 과거 통화량 관리방식에서 금리목표 관리방식으로 통화정책 운용체제가 바뀐 데 적응하는 과정에서 어느 정도 시간이 걸렸을 것이다. 정확히 얼마만큼의 시간이 소요되었을지를 측정하는 것은 본 연구의 범위를 벗어나는 것이므로[28] 일단 한은이 기대인플레이션 통계를 작성하기 시작한(다시 말해, 한은이 기대인플레이션과 커뮤니케이션의 중요성을 대외적으로 인정하기 시작했다고 판단되는) 2002년 이후에 대해 분석을

---

28. 통상 중앙은행이 정책금리를 변경했을 때 그 최종 효과는 짧게는 6개월, 길게는 12개월이 돼서야 나타난다. 이를 준거로 정책 변화에 대한 경제주체의 인식이 형성되는 기간을 추정할 수도 있을 것이다. 그러나 한은의 물가 안정 목표제는 초기에 완벽한 모습으로 출발한 것은 아니었다. 물가 안정 목표도 1998년과 1999년에는 소비자물가 상승률로 했으나, 2000년부터는 근원인플레이션을 목표 대상 지표로 했다가 2007년부터는 다시 소비자물가상승률로 복귀했다. 물가 안정 목표 설정 기간도 1998~2003년은 매년 설정했지만, 2004년부터는 중기 물가 안정 목표제로 이행해서 3년 기간 동안에 대한 목표를 설정했다. 과거의 통화량 목표인 M3증가율의 감시목표도 2002년까지 발표하기도 했다.

시도하고자 한다.

본 연구의 주요 분석대상인 미디어의 보도 분량은 미디어가 해당 사안을 얼마나 중시하느냐를 직접적으로 보여주는 변수이다.

보도 분량을 측정하는 것은 미디어 연구 분야의 방법론 중 하나인 양적 내용 분석quantitative content analysis의 한 방법이다. 대니얼 리페Daniel Riffe 등이 2005년에 낸 『미디어 메시지 분석』이라는 책에 따르면 물리적 내용 단위를 따지는 방법에는 평방 인치, 분minute, 글자수 등 공간, 시간, 개체수를 따지는 방법과 특정한 내용의 유형에 할애된 비율을 따지는 방법이 있다. 이들은 "물리적 단위들은 어떤 특정 내용에 대한 결정과 그러한 내용이 사용자들에게 미치는 영향의 정도를 추론하는 데 사용된다"고 밝히고 있다. 이는 다음과 같은 두 가지 가정에 기초하고 있다. 첫째, 내용 생산자들의 물리적 단위 할당에 대한 결정은 임의적으로 내려지는 것이 아니며 이러한 할당은 결과적으로 내용의 패턴을 파악할 수 있게 한다. 둘째, 어떤 이슈, 주제 혹은 사람에 할애된 내용이 많으면 많을수록, 수용자 집단에 미치는 전체적인 영향도 더욱 커질 것이다.[29]

본 연구에서는 보도 분량을 빈도가 아니라 글자수로 따진 분량을 가지고 분석을 했는데, 그 이유는 통상 금리 결정 보도의 경우 통상 보도 기사 1건과 해설 기사 1건 등 2건으로 보도되는 경우가 많아 빈

---

29. Riffe et al., 2005, pp. 76-77.

도의 변화가 크지 않기 때문이다. 이에 따라 글자수로 따진 보도 분량의 변화가 미디어가 금리 결정 보도의 경중을 어떻게 파악하고 있는지 알 수 있는 변수가 될 것이라고 봤다. 언론사들은 자체 판단한 뉴스가치에 따라 기사의 보도 분량과 기사의 배치를 결정한다. 따라서 보도 분량이 늘어날수록 미디어가 보는 뉴스가치가 크다고 해석해도 무방하다.[30]

본 연구에서는 금통위의 금리 결정일과 그 다음 날의 종이신문 (종합일간지와 경제지)의 금리 결정에 대한 보도 분량을 측정하여 분석대상으로 삼고 있다. 미디어에는 종이신문과 방송 그리고 인터넷 매체 등이 있다고 할 수 있는데, 2002년 이후 10년간의 시계열 자료를 일관성 있게 얻을 수 있는 미디어는 종이신문뿐이어서 이를 분석대상으로 삼기로 한 것이다. 한편 종이신문 전체의 기사분량을 분석하기도 하겠지만, 종합일간지와 경제지로 따로 구분해서 금리 결정 보도의 결정 요인에 차이가 있는지도 분석하기로 한다. 사회의 다양한 이슈를 모두 다루는 종합일간지와 경제 이슈에 비중을 두는 경제

---

30. 이에 더해 미디어의 보도 태도를 추가로 분석하는 것도 흥미로울 것이나 현재 우리나라의 기사 데이터베이스에서 보도 태도를 추출해내기란 쉽지 않다. 그리고 보도 성향을 분류함에 있어서 연구자의 주관적인 입장이 반영될 수밖에 없다. 이완수(2007) 등의 연구에서는 연구자와 2명의 언론학 전공 대학원생이 기사의 성향을 교차 평가한 후 오차 크기를 검증하는 방법을 사용해 객관성을 부여하려고 했다. 이밖에 금리 결정과 관련해서는 우리나라 미디어들이 이를 스스로 평가하는 입장에서 보도하기보다는 비교적 객관적인 입장에서 긍정적으로 평가하는 전문가와 부정적으로 평가하는 전문가의 코멘트를 동시에 싣는 경향이 있다는 점도 보도 태도를 분석하기 어렵게 만드는 요인이다.

지 사이에는 금리 결정을 바라보는 관점에 차이가 있을 수 있기 때문이다. 보도 분량 측정시점을 금리 결정일과 그 다음날로 한 것은, 조간신문은 다음날 아침에 보도가 이루어지고 석간신문은 그날 오후에 보도가 이루어지기 때문이다.

좀 더 구체적으로 신문의 보도 분량은 KINDS를 이용해서 측정했다. '금융통화위원회'나 '금통위' 단어를 포함한 기사들은 단순하게 금통위의 기준금리 결정 사실을 알리는 기사 외에도 기준금리 결정의 영향을 분석한 해설기사도 포괄하도록 하였다. 그러나 금리 결정과 관계없는 기사는 제외했다. 그리고 보도 분량은 해당 기사의 글자 수로 계량화했다.

KINDS에서는 종합일간지로는 경향신문, 국민일보, 내일신문, 동아일보, 문화일보, 서울신문, 세계일보, 한겨레신문, 한국일보 등 9개 언론사[31]의 기사를 추출해서 기사분량을 측정했다. 이곳에 수록이 되지 않은 조선일보의 경우에는 해당사의 데이터베이스에 접속해서 기사분량을 측정했다. 이들 신문들 중 내일신문과 문화일보는 석간이고, 나머지는 조간이다. 경제지는 KINDS에 수록된 매일경제, 서울

---

31. 유료부수 기준으로 9대 조간지(경향신문, 국민일보, 동아일보, 서울신문, 세계일보, 조선일보, 중앙일보, 한겨레, 한국일보)와 2대 석간지(문화일보, 내일신문) 중 KINDS 서비스를 제공하고 있는 신문을 포함했다. 조선과 중앙은 KINDS에 검색서비스를 제공하지 않고 있다. 한편 중앙일보도 자체 DB를 통해 검색 서비스를 제공하고 있으나 텍스트 검색을 허용하지 않고 있어 글자 숫자로 기사분량을 파악하기 어려워 분석에서는 제외했다.

표 3-2 각 신문의 구독자 숫자

신문명	구독자 숫자	신문명	구독자 숫자
경향신문	266,794	조선일보	1,810,112
국민일보	295,932	한겨레신문	283,143
내일신문	61,827	한국일보	286,684
동아일보	1,248,503	경제지	
문화일보	168,607	매일경제	881,317
서울신문	172,130	서울경제	80,446
세계일보	83,408	한국경제	503,525

※각 신문의 구독자 숫자는 한국ABC협회가 조사한 2010년 1월~12월의 하루 평균 유료 인증부수를 기준
으로 계산했다.   자료: 한국ABC협회

경제, 한국경제 등 3곳을 대상으로 기사분량을 측정했다.

발행부수를 공사하는 한국ABC협회에서 공시한 내용을 바탕으
로 본 연구의 분석대상인 신문들의 발행부수를 단순하게 합하면,
위의 표 3-2와 같이 2010년에 종합일간지는 4,677,140부, 경제지는
1,465,188부에 달한다.

인구주택총조사에서 2010년 우리나라 가구가 17,574,067가구인
것을 감안하면 본 논문이 포괄하는 신문사들의 발행부수 단순 합계
가 전체 가구의 35.0% 수준이라고 할 수 있다. 이 정도라면 통화정책
이 미디어를 통해 대중의 기대에 어떻게 반영되는지를 분석하는 데
의미있는 수치라고 볼 수 있다.

그림 3-1은 종합일간지와 경제지들의 금리 결정 보도 분량 추이

그림 3-1 금리 결정 보도 분량의 추이

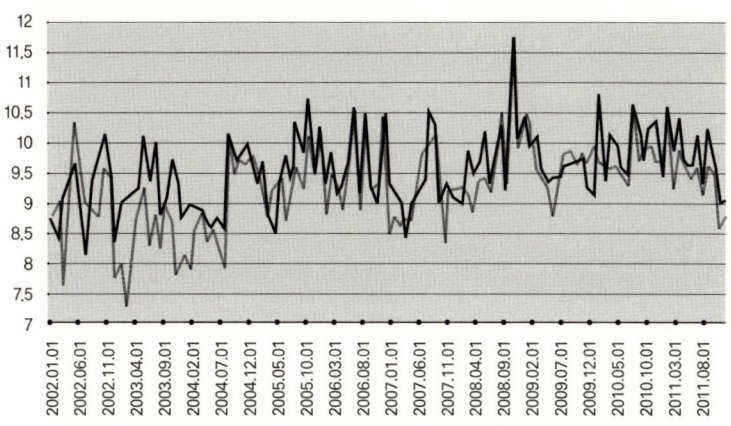

※ 보도 분량이란 금융통화위원회나 금통위라는 단어를 포함한 기사의 글자 숫자(로그값)를 의미한다.

자료: KINDS, 조선일보 데이터베이스

를 보여준다. 종합일간지와 경제지의 보도 분량은 모두 뚜렷한 추세를 보이지는 않고 있으나[32] 2000년대 초에 비해서 최근의 보도 분량이 더 많음을 알 수 있다. 한편 이 두 변수는 비슷한 방향으로 움직이고 있는데, 양자 사이의 상관계수는 0.88에 달한다.[33]

한편 보도 분량의 변동 추이를 보면 특히 2008년 9월 글로벌 투자은행인 리먼브더더스의 파산 이후 글로벌 금융위기가 발생한 후

---

32. 두 변수에 대해 Augmented Dickey-Fuller 검정을 실시한 결과 두 변수 모두 1%의 유의수준에서 단위근이 존재한다는 가설을 기각했다. 즉, 과거에 비해 drift는 존재할 수 있으나 어떤 추세는 발견할 수 없었다.

33. 양자 사이의 로그격차에 대해 Augmented Dickey-Fuller 검정을 실시한 결과 여기서도 1% 유의수준에서 단위근이 존재한다는 가설을 기각했다.

10월 두 차례의 금리 인하를 단행했을 때 가장 큰 수치를 보였다. 금리 결정에 대한 13개 종이신문의 보도 분량은 평균적으로 매월 30,569자였으며, 200자 원고지 기준으로 153매 분량에 해당한다.

미디어 금리 결정을 설명하는 주요 변수들의 추이

한편 미디어의 금리 결정 보도 분량의 결정 요인으로는 무엇보다 금리 결정 사실 그 자체를 꼽을 수 있다.[34] 아울러 금리 결정 당시의 경제 상황, 총재의 성향, 금리 결정의 의외성 등이 영향을 미칠 것으로 예상된다. 경제 상황을 보여주는 변수들로는 경기동행지수 등 경기와 관련된 지표, 물가상승률 등 물가와 관련된 지표, 그리고 환율, 금융시장 불안정성 등을 보여주는 지표 등도 고려해볼 수 있다.

먼저 설명변수들 중 금리 인상 및 인하 사실을 보면 그림 3-2와

---

34. 한은의 목표금리는 1999년 5월부터 2008년 3월 이전까지는 콜금리였으나 2008년 3월부터는 기준금리(Base Rate)로 바뀌었다. 한은은 금통위에서 정해진 기준금리를 7일물 RP(환매조건부증권)를 매각할 때 고정입찰금리로, 7일물 RP를 매입할 때는 최저입찰금리(minimum bid rate)로 사용한다. 한은은 이 같은 공개시장 조작을 통해서 콜금리가 기준금리 수준에서 크게 벗어나지 않도록 유도하고 있다. 결국 한은이 직접 정하는 금리는 초단기금리를 유도하는 기준금리이나 물가 안정 목표를 달성하기 위해서는 금통위의 기준금리 결정이 모든 금리에 영향을 미쳐야 하기 때문에 기대경로의 중요성이 강조되는 것이다.

그림 3-2 한국은행의 기준금리 결정

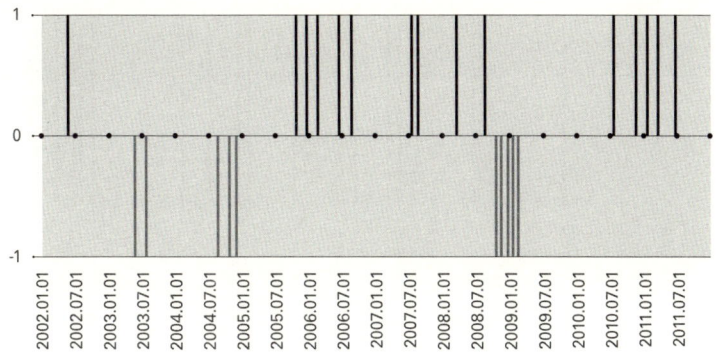

※+1 은 금리 인상, -1은 금리 인하, 0은 금리 동결을 의미한다.

같다. 그림에서 금리 인상은 1, 인하는 -1로 나타냈다. 특징적인 것은 10년, 즉 120개월 동안 금리 인상이 15개월, 금리 인하가 9개월(10회)로서 나머지 96개월(80.0%) 동안은 금리 동결이 이루어져, 금리 변동 자체가 비교적 드문 일이었다는 점이다.[35] 이는 금리의 변동 그 자체가 미디어에서 중요시될 가능성을 보여준다. 그리고, 금리의 변동이 시장의 예상과 일치했는지, 즉 '충격'이 있었는지 여부를 살펴보면 그림 3-3과 같다. 금리 결정 전 시장의 예상은 시장정보 전문 온라인매체인 연합인포맥스의 전문가 조사 결과를 사용했다. 연합인포

---

35. 글로벌 금융위기 직후였던 2008년 10월에는 매월 둘째 주 목요일(10월 9일)의 금리 결정을 위한 정기 금통위 외에 임시 금통위가 10월 27일 추가로 열려 금리 인하를 두 번에 걸쳐 단행했다.

그림 3-3 한국은행의 시장의 예상과 다른 금리 결정

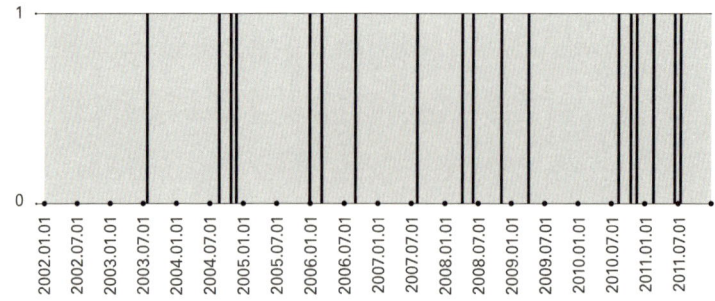

※그림에서 실선은 한은의 예상치 못한 금리 결정으로 이 같은 금리 결정이 연합인포맥스의 전문가 전망 조사 결과와 다른 경우를 의미한다.

맥스는 국내외 금융회사와 연구소의 유명 애널리스트 15~20명을 패널로 선정해 매월 한은의 금리 결정 예상 등에 대한 설문조사를 벌여 그 결과를 보도하고 있다.

충격 더미변수는 전문가 조사의 다수결 의견과 실제 금리 결정 내용이 다른 경우에 충격적 인상, 충격적 인하, 충격적 동결이라고 보고 모두 1의 값을 주었다. 예상과 같은 결정이 나오면 0의 값을 주었다. 예컨대 연합인포맥스의 전문가 조사에서 2011년 5월, 14대3으로 인상을 예상했지만 동결했기 때문에 충격적 동결로 판단해 충격 변수에 1의 값을 줬고, 같은 해 6월에는 9대6으로 동결을 예상했는데 인상했으므로 충격적 인상으로 봐 역시 1의 값을 줬다. 반면 같은 해 3월에는 10대7로 인상이 예상된다는 결과대로 인상이 있었으므로 0의 값을 주었다. 한편 2007년 7월 금리 인상의 경우, 조사에서는

13대13으로 인상과 동결이 동수였는데 그 이전에는 전원 동결 예상이었기 때문에 인상을 예상한 것으로 보아 충격적 인상은 아니라고 평가했다.

그림 3-3을 보면, 금통위의 금리 결정이 시장의 예상과 다르게 이루어진 것은 총 120개월 중 18개월(15.0%)에 불과하다. 그러나 그 빈도는 각 총재의 재임기간에 따라 상당히 다르게 나타난다. 예컨대 2002년 4월부터 2006년 3월까지 재임한 박승 총재와 2006년 4월부터 2010년 3월까지 재임한 이성태 총재의 경우, 동일하게 48개월 중 6차례(12.5%)가 충격적 조치였으나, 2010년 4월부터 분석대상 기간 중 가장 최근인 2011년 12월까지에 해당하는 김중수 총재의 경우는 21회 중 6회(28.6%)가 충격적 조치였다.

충격의 내용을 보면, 충격적 인하는 박승 총재 재임 중이었던 2003년 7월, 2004년 8월, 2004년 11월의 세 차례와 이성태 총재 재임 중 한 차례(2008년 10월) 등 네 차례에 국한되었고, 충격적 인상은 박승 총재 재임 중 2회(2005년 12월, 2006년 2월), 이성태 총재 재임 중 3회(2006년 8월, 2007년 8월, 2008년 3월), 김중수 총재 재임 중 3회(2010년 7월, 2011년 1월, 6월)였다. 또 충격적 동결은 박승 총재 재임 중 1회(2004년 10월), 이성태 총재 재임 중 2회(2008년 5월, 2009년 3월), 김중수 총재 재임 중 3회(2010년 9월, 10월, 2011년 5월)였다.

한편 시장에서 예측한 대로 금리를 변경한 것은 모두 12개월로 박승 총재 재임 중 3회(2002년 5월 인상, 2003년 5월 인하, 2005년 10월 인상), 이성태 총재 재임 중 7회(2006년 6월, 2007년 7월, 2008년 7월 인상, 그리고 2008년 11월부터 2009년 2월까지 4개월 연속 인하), 김중수 총재 재임 중 2회(2010년 11월, 2011년 3월 인상)였다. 즉, 금리가 변경된 24개월 중 12개월은 예상된 변동이었으나 절반인 12개월은 예상치 못한 변동이었다. 또 예상치 못한 변동 중 44.4%는 인상이었다.

충격적 결정은 합리적 기대 가설의 관점에서 보면 기대경로에 미치는 공표효과가 크고 뉴스가치가 높을 가능성이 있으나 실제로 그러한지는 실증적으로 분석해볼 필요가 있다.

이밖에 한은의 금리 결정 보도 분량에 영향을 미칠 것으로 판단되는 거시 경제 상황 변수들로는 경기 상황, 물가, 주택가격, 환율, 해외 금융시장 상황 등이다. 경기가 나빠지고, 물가나 주택가격이 오르고, 환율이 오르고, 해외 금융시장 상황이 나빠지면 금리 결정에 대한 보도가 늘어날 것으로 기대된다. 이들 각각에 대해 전월대비 경기동행지수(순환변동치)변동률, 전월대비 물가상승률, 전월대비 전국주택가격변동률, 전월대비 환율변동률, VIX지수의 전월대비변동률 등을 대용변수로 사용했다. 이 중 경기지표, 고용지표, 물가지표는 통계청 자료를 사용했고, 환율변동률은 한은 통계를 사용했다. 세계 금융시장의 안정 여부를 반영하는 VIX지수는 CBOT(시카고상품거래소)의 자료를 사용했다. 주택가격 지표는 KB국민은행의 전국주택가격동향 자료를 활용해서 시계열을 추출했다.

미디어 금리 결정 보도의 결정 요인에 대한 실증분석

여기서는 미디어의 금리 결정 보도 분량의 결정 요인을 계량적으로 분석하기 위하여 다음의 식 (1)과 같은 모형을 상정했다. 여기서 오차항에 자기상관성이 발견되는 경우에는 아래 두번째 식에서와 같이 AR(1) 항을 포함하여 이를 감안했다. 자기상관성 여부는 Breusch-Godfrey 계열상관 라그랑지승수(LM, Lagrange Multiplier) 검정을 이용하여 판별했다.

(1) $M_t = \beta_0 + \beta_1 D_t + \beta_2 E_t + \beta_3 G_t + \beta_4 S_t + u_t$

$u_t = pu_{-1} + E_t$

단, M_t는 미디어의 보도 분량으로 해당 기사의 글자수를 나타낸다. 보도 분량으로는 종합일간지, 경제지, 합계 각각을 사용하였으며, 수준을 나타내는 변수들에는 로그값을 취하였고 안정적이지 않은 변수들에 대해서는 로그차분값을 사용하였다.[36] D_t는 더미변수로서 금리 인상, 동결, 인하 등 금리 결정 사실을 나타낸다. 또 E_t는 금리 결정 당시의 경제 상황을 알려주는 지표들이다.

---

36. 안정성은 Augmented Dickey-Fuller 검정에서 단위근이 존재한다는 가설을 1% 유의수준에서 기각할 수 있는지 여부를 통해 판별했다.

한편 G_t는 금리 결정 당시의 총재가 누구인가를 나타내는 더미변수이다. 2002~2011년 동안 박승, 이성태, 김중수 총재가 재임[37]했는데, 각 총재의 성향이 미디어의 금리 결정 보도에 영향을 미쳤는지 측정하기 위해 넣었다.[38] 또 S_t는 금리 결정이 시장의 예상을 벗어났는지의 여부를 보여주는 더미변수이다.

보도 분량의 결정 요인에 관한 회귀분석 결과를 보면 표 3-3과 같다. 아울러 2008년 가을의 리먼브러더스 사태로 촉발된 글로벌 금융위기의 영향을 제거해 분석의 강건성을 검증하기 위해 2008년 10월부터 2009년 2월까지의 5개월을 제외한 데이터로 동일한 분석을 실행한 결과는 표 3-4에 요약했다.

---

37. 박승 총재는 2002년 4월~2006년 3월, 이성태 총재는 2006년 4월~2010년 3월, 김중수 총재는 2010년 4월부터 현재까지 재임하고 있다. 전철환 총재의 재임기간이 1998년 3월~2002년 3월이어서 본 연구의 분석 기간과 3개월이 겹친다. 총재 더미변수의 기저는 전철환 총재의 재임 기간이 된다.

38. 기존 연구들에서는 총재의 성향에 따른 보도 분량의 변화를 따져보지는 않았다. 그러나 본 연구에서는 총재의 성향이 의미를 가질 수 있다고 보았다. 그 이유는 다음과 같다. 기준금리를 결정하는 금통위 회의 직후 중앙은행 총재가 기자회견을 열어 그 결과를 설명하고 질의응답 시간을 갖는다. 따라서 총재의 미디어 커뮤니케이션 성향이 금리 결정 보도에 영향을 미칠 것으로 추정했다. 한편 Kuttner and Posen(2007)은 15개 선진국을 대상으로 총재의 임명이나 퇴임이 금융시장의 기대에 미치는 영향을 분석했는데, 총재의 성향은 취임할 때 시장에 영향을 미쳤지만 퇴임 때는 그것이 예견된 것이든 아니든 유의미한 영향을 미치지 못했다는 결론을 제시했다. 특히 예견되지 못한 임명의 경우에는 환율, 금리 등이 큰 반응을 보였다.

표 3-3 회귀분석 결과 (1) – 전체 기간

	(1) Papers total		(2) Regular papers		(3) Economic papers	
Constant	8.9163	***	8.8801	***	6.6559	***
	(0.6003)		(0.5755)		(0.7582)	
Up (Rate increase)	0.6420	***	0.7216	***	0.5677	***
	(0.1235)		(0.1414)		(0.1431)	
Down (Rate decrease)	0.7305	***	0.8317	***	0.6013	***
	(0.1818)		(0.2028)		(0.2134)	
Δlog(Coincident Composite Index)	-7.7832		-2.4575		-6.0347	
	(11.3890)		(11.8544)		(13.7922)	
Δlog(CPI)	-13.2508		-10.7657		-16.3523	
	(11.3778)		(12.2898)		(13.4059)	
Δlog(Exchange rate)	0.5083		1.1983		0.5353	
	(1.6177)		(1.7467)		(1.9292)	
Δlog(House price)	14.4475		15.7434	*	6.9749	
	(9.3181)		(9.1603)		(11.5894)	
Δlog(VIX)	0.0930		-0.0363		0.1578	
	(0.1871)		(0.2168)		(0.2155)	
Governor Park	0.7953		0.2930		2.1901	***
	(0.5883)		(0.5668)		(0.7390)	
Governor Lee	1.1277	*	0.5199		2.6668	***
	(0.5961)		(0.5675)		(0.7551)	
Governor Kim	1.1715	*	0.6583		2.6501	***
	(0.6063)		(0.5786)		(0.7692)	
Surprise	0.2705	**	0.2752	*	0.2734	*
	(0.1255)		(0.1412)		(0.1466)	
AR(1)	0.3449	***	0.1579		0.4337	***
	(0.0950)		(0.1008)		(0.0842)	
Adjusted R^2	0.5123		0.4404		0.5028	
Durbin-Watson stat	2.0955		2.0160		2.1133	

※종속변수는 금통위의 금리 결정을 다룬 신문기사의 글자수로 측정한 보도 분량이다. 모형 (1)은 전체 종이신문, (2)는 종합일간지, (3)은 경제지를 대상으로 한 것이다. 괄호 안은 표준오차(standard error) 값을 나타내며, *, **, ***는 추정치가 10%, 5%, 1% 범위에서 유의미한 값을 갖는 것을 의미한다.

표 3-4 회귀분석 결과 (2) – 위기 기간 제외

	(1) Papers total		(2) Regular papers		(3) Economic papers	
Constant	8.8205	***	8.9277	***	6.5582	***
	(0.5863)		(0.6019)		(0.7399)	
Up (Rate increase)	0.6887	***	0.7651	***	0.6150	***
	(0.1175)		(0.1362)		(0.1423)	
Down (Rate decrease)	0.5910	***	0.6234	**	0.4968	*
	(0.2093)		(0.2435)		(0.2538)	
Δlog(Coincident Composite Index)	-13.6261		-15.2793		-4.8306	
	(8.7671)		(10.0073)		(10.6766)	
Δlog(CPI)	-9.1492		-7.6956		-11.5868	
	(10.8606)		(12.1292)		(13.2018)	
Δlog(Exchange rate)	-1.5756		-1.6469		-0.6178	
	(1.5949)		(1.8019)		(1.9492)	
Δlog(House price)	15.8618	*	17.2261	*	8.4542	
	(9.2473)		(9.5804)		(11.4136)	
Δlog(VIX)	-0.0171		-0.1386		0.0590	
	(0.1734)		(0.2034)		(0.2094)	
Governor Park	0.8864		0.2400		2.2795	***
	(0.5722)		(0.5934)		(0.7191)	
Governor Lee	1.1837	**	0.9477		2.7067	***
	(0.5850)		(0.5973)		(0.7380)	
Governor Kim	1.2625	**	0.6039		2.7455	***
	(0.5953)		(0.6080)		(0.7520)	
Surprise	0.1649		0.1831		0.1651	
	(0.1313)		(0.1500)		(0.1599)	
AR(1)	0.4265	***	0.2767	***	0.4601	***
	(0.0942)		(0.1015)		(0.0842)	
Adjusted R²	0.4938		0.4188		0.4879	
Durbin-Watson stat	2.0474		1.9914		2.0674	

※ 종속변수는 금통위의 금리 결정을 다룬 신문기사의 글자수로 측정한 보도 분량이다. 모형 (1)은 전체 종이신문, (2)는 종합일간지, (3)은 경제지를 대상으로 한 것이다. 괄호 안은 표준오차 값을 나타내며, *, **, ***는 추정치가 10%, 5%, 1% 범위에서 유의미한 값을 갖는 것을 의미한다. 표본 기간은 전체 기간 중 2008년 10월~2009년 2월의 5개월을 제외했다.

주요 분석 결과를 정리하면 다음과 같다. 첫째, 미디어의 금리 결정 보도 분량은 무엇보다 금리변동 그 자체에 의해 영향을 받는다. 즉, 금리를 동결하는 경우에 비해 금리를 올리거나 내릴 경우 미디어의 보도 분량이 유의하게 증가한다. 보도 분량 증가의 탄력성은 대략 0.6~0.7을 중심으로 움직이고 있으며 인상의 경우와 인하의 경우가 의미있는 차이를 보이지는 않았다. '기준금리 인상과 인하 더미의 계수값이 같다'는 가설을 가지고 전체 보도 분량을 대상으로 Wald test[39]를 해 본 결과 t값은 −0.4397(p값은 0.6611)이 나와 유의수준 10%에서도 가설을 기각할 수 없었다. 보다 자세한 Wald test 결과는 표 3-7에 정리했다.

둘째, 경기동행지수, 물가상승률, 환율, 금융위기 관련 지표들이 금리 결정 보도 분량에 미치는 영향은 유의하지 않았다. 경기, 물가 등 거시경제 상황의 변동이 보도 분량에 미치는 영향은 금리의 인상 또는 인하 결정 그 자체를 통해서 간접적으로 반영된다고 볼 수 있으며, 그 이상의 추가적 영향은 유의하지 않다고 할 수 있다. 주택가격 상승률의 경우에는 종합일간지에 영향을 줄 가능성이 있었다.[40]

셋째, '충격효과'는 전체 기간에 대한 회귀분석에서는 유의미한 작용을 하고 있었으나 금융위기 기간을 제외한 분석에서는 유의성이

---

39. Wald test란 계수가 같은 값을 갖는다는 가설이 통계적으로 유의한지 판단하기 위한 통계적 검증 방법이다. 유의수준에서 가설을 기각할 수 없다는 것은 계수값이 같다고 할 수 없다는 뜻이다.

낮았다. 이는 금융위기 시에 시장의 예상을 넘어서는 결정들이 미디어의 관심도를 높였음을 의미한다.

넷째, 총재 더미의 경우 경제지를 중심으로 이성태, 김중수 총재 더미가 유의하게 비슷한 정도의 탄력성을 보였다. 두 계수값이 같다는 가설을 가지고 전체 종이신문의 보도 분량을 대상으로 Wald test를 한 결과 t값은 −0.2661(p값은 0.7907)으로 유의수준 10%에서 가설을 기각할 수 없었다. 이는 특정 개인의 영향력이라기보다는 2000년대 전반에 비해 2000년대 후반에 금리 정책에 대한 관심도가 높아졌음을 보여준다고 할 수 있다.

충격효과와 총재의 성향이
미치는 영향에 대한 실증분석

여기서는 위의 모형에서 경제 상황 관련 변수 중 유의성이 낮은 것을 제외하고 '충격효과'를 좀 더 세분화해서 '충격효과'의 구체적 내

---

40. 이와 관련해서 중앙은행이 물가 안정을 위해 통화정책을 수행할 때 물가에 주택가격 등 자산 가격을 포함시켜야 하는지에 대해 많은 논란이 있음을 지적하고자 한다. 전통적인 입장에서는 자산가격의 상승을 물가 안정 목표로서의 인플레이션 범주에 포함하지 않고 있다. 그러나 2000년대 들어 물가가 안정된 가운데 주식, 부동산 등 자산가격의 변동성이 확대돼 거품의 확산과 붕괴 과정에서 금융 불안정이 심화됨에 따라 자산 가격 변동에 대한 통화정책적 대응의 필요성과 방식에 대한 논의가 활발히 진행되고 있다.(김병화, 2012, p. 35)

용에 대해서 분석해보기로 한다. 앞의 분석에서 단일변수로 정의했던 충격변수를 충격적 인상, 충격적 인하, 충격적 동결로 세분화해서 분석할 경우에 '충격효과'의 내용이 어떠한지 알아보기로 한다.

우선 충격적 인상 더미는 인상 더미와 충격 더미를 곱해서 만들 수 있고 충격적 인하 더미와 동결충격 더미도 동일한 방식으로 만들 수 있다. 아울러 시장에서 예상했던 바와 동일한 인상 및 인하 결정에 대해서도 더미변수를 주었다. 이렇게 함으로써 각 더미변수의 계수는 예상된 동결의 경우에 비해 각각 보도 분량을 얼마나 더 늘리는지를 나타내게 된다.

이러한 점들을 감안한 모형에 대한 회귀분석 결과는 뒷장의 표 3-5와 같으며 강건성을 테스트해보기 위해 글로벌 금융위기 기간을 제외한 분석 결과는 표 3-6에 요약돼 있다. 표 3-7에는 주요 계수에 대한 Wald test 결과를 요약했다.

표 3-5 회귀분석 결과 (3) - 전체 기간

	(1) Papers total		(2) Regular papers		(3) Economic papers	
Constant	8.7738	***	8.8117	***	6.4712	***
	(0.5832)		(0.5641)		(0.7377)	
Up×(No surprise)	0.8750	***	0.9404	***	0.8104	***
	(0.1486)		(0.1740)		(0.1718)	
Up×(Surprise)	0.7082	***	0.8301	***	0.6285	***
	(0.1386)		(0.1618)		(0.1610)	
Down×(No surprise)	0.6165	***	0.7557	***	0.4810	*
	(0.2325)		(0.2339)		(0.2854)	
Down×(Surprise)	1.2164	***	1.3119	***	1.0662	***
	(0.1972)		(0.2285)		(0.2300)	
Freeze×(Surprise)	0.3965	**	0.4013	**	0.4158	**
	(0.1733)		(0.1956)		(0.2030)	
Δlog(House price)	14.8198		16.5626	*	7.8477	
	(8.9991)		(8.8912)		(11.2612)	
Governor Park	0.8849		0.3087		2.3099	***
	(0.5723)		(0.5573)		(0.7190)	
Governor Lee	1.2343	**	0.5548		2.8046	***
	(0.5818)		(0.5589)		(0.7384)	
Governor Kim	1.2670	**	0.6785		2.7760	***
	(0.5908)		(0.5680)		(0.7517)	
AR(1)	0.3673	***	0.17760	*	0.4558	***
	(0.0950)		(0.1009)		(0.0824)	
Adjusted R^2	0.5410		0.4653		0.5248	
Durbin-Watson stat	2.0921		2.0203		2.0801	

※종속변수는 금통위의 금리 결정을 다룬 신문기사의 글자수로 측정한 보도 분량이다. 모형 (1)은 전체 종이신문, (2)는 종합일간지, (3)은 경제지를 대상으로 한 것이다. 괄호 안은 표준오차 값을 나타내며, *, **, ***는 추정치가 10%, 5%, 1% 범위에서 유의미한 값을 갖는 것을 의미한다.

표 3-6 회귀분석 결과 (4) - 위기 기간 제외

	(1) Papers total		(2) Regular papers		(3) Economic papers	
Constant	8.7598	***	8.8479	***	6.4278	***
	(0.5607)		(0.5664)		(0.7144)	
Up×(No surprise)	0.8755	***	0.9406	***	0.8124	***
	(0.1403)		(0.1663)		(0.1663)	
Up×(Surprise)	0.7114	***	0.8305	***	0.6310	***
	(0.1308)		(0.1547)		(0.1558)	
Down×(No surprise)	0.6119		0.6917		0.5411	
	(0.3711)		(0.4342)		(0.4435)	
Down×(Surprise)	0.8452	***	0.9041	***	0.7124	***
	(0.2149)		(0.2522)		(0.2561)	
Freeze×(Surprise)	0.4223	**	0.4539	**	0.3908	*
	(0.1682)		(0.1922)		(0.2025)	
Δlog(House price)	15.5838	*	16.2693	*	11.1313	
	(8.1957)		(8.5201)		(10.2297)	
Governor Park	0.9190	*	0.2999		2.3610	***
	(0.5501)		(0.5601)		(0.6961)	
Governor Lee	1.2034	**	0.4926		2.7794	***
	(0.5607)		(0.5626)		(0.7159)	
Governor Kim	1.2706	**	0.6330		2.8061	***
	(0.5692)		(0.5711)		(0.7284)	
AR(1)	0.3947	***	0.2221	**	0.4640	***
	(0.0940)		(0.0999)		(0.0824)	
Adjusted R^2	0.5155		0.4342		0.4951	
Durbin-Watson stat	2.0772		2.0128		2.0645	

※종속변수는 금통위의 금리 결정을 다룬 신문기사의 글자수로 측정한 보도 분량이다. 모형 (1)은 전체 종이신문, (2)는 종합일간지, (3)은 경제지를 대상으로 한 것이다. 괄호 안은 표준오차 값을 나타내며, *, **, ***는 추정치가 10%, 5%, 1% 범위에서 유의미한 값을 갖는 것을 의미한다. 표본 기간은 전체 기간 중 2008년 10월~2009년 2월의 5개월을 제외했다.

표 3-7 Wald test 결과

1) 회귀분석 결과 (1)에 대한 테스트

H_0	(1) Papers total		(2) Regular papers		(3) Economic papers	
Up = Down	0.4397 (0.6611)		-0.4903 (0.6249)		-0.1422 (0.8872)	
Governor Lee = Governor Kim	-0.2661 (0.7907)		0.9554 (0.3415)		0.0756 (0.9399)	

2) 회귀분석 결과 (2)에 대한 테스트

H_0	(1) Papers total		(2) Regular papers		(3) Economic papers	
Up = Down	0.4505 (0.6533)		0.5635 (0.5743)		0.4500 (0.6537)	
Governor Lee = Governor Kim	-0.4497 (0.6539)		-0.9345 (0.3523)		-0.1722 (0.8636)	

3) 회귀분석 결과 (3)에 대한 테스트

H_0	(1) Papers total		(2) Regular papers		(3) Economic papers	
Up×(No surprise) = Up×(Surprise)	0.8577 (0.3930)		0.4876 (0.6268)		0.8054 (0.4224)	
Down×(No surprise) = Down×(Surprise)	-2.0956 (0.0385)	**	-1.7838 (0.0773)	*	-1.7173 (0.0888)	*
Governor Lee = Governor Kim	-0.1996 (0.8421)		-0.8622 (0.3905)		0.1283 (0.8982)	

4) 회귀분석 결과 (4)에 대한 테스트

H_0	(1) Papers total		(2) Regular papers		(3) Economic papers	
Up×(No surprise) =	0.8941		0.5084		0.8303	
Up×(Surprise)	(0.3734)		(0.6123)		(0.4083)	
Down×(No surprise)	-0.5397		-0.4209		-0.3317	
= Down×(Surprise)	(0.5905)		(0.6747)		(0.7408)	
Governor Lee =	-0.4095		-0.9535		-0.1206	
Governor Kim	(0.6831)		(0.3426)		(0.9043)	

※숫자는 t-통계량을 나타내며 괄호 안은 p값이다. *, **, ***는 각각 유의수준 10%, 5%, 1%에서 유의미한 결과가 있다는 것을 의미한다. 만약 p값이 각 유의수준 범위 안에 있으면 귀무가설(H_0)을 기각할 수 있다.

주요 결과들을 요약하면 다음과 같다. 첫째, 예측하지 못한 금리 인상과 인하 때 미디어의 금리 결정 보도 분량은 비대칭적인 모습을 보였다. 금리 인상의 경우에는, 인상이 예상된 경우에는 탄력성이 0.8을 중심으로 변동했으나, 충격적 인상의 경우에는 이보다 작은 0.7을 중심으로 움직였다. 반면 금리 인하의 경우에는 예상된 금리 인하의 경우 탄력성이 0.6 근방에서 움직였고 유의성도 낮았으나 충격적 인하의 경우에는 탄력성이 1.0 근방에서 움직였고 유의성도 컸다. Wald test를 해 본 결과 기준금리 인상의 경우에는 예상된 인상과 충격적 인상의 계수값이 같다는 가설을 유의수준 10%에서도 기각할 수 없었지만, 인하의 경우에는 예상된 인하와 충격적 인하의 계수값이 같다는 가설을 유의수준 5%에서 기각할 수 있었다.

이는 금리 인상과 인하의 충격 정도가 비대칭적인 것과 관련이 있어 보인다. 예컨대, Bartolini and Prati(2003)의 연구에 의하면, 미국의 경우에는 중앙은행이 금리를 인상할 때 인상 전에 많은 신호를 주어 인상 시점 직전에 이미 시중금리에 60% 정도 인상 요인이 반영되지만, 인하 시에는 신호를 적게 주어 30% 정도만이 반영되어 충격의 강도가 인하 시에 더 큰 경향이 있다고 하였는데, 우리나라에서도 이런 비대칭적 '충격효과'가 존재할 가능성이 있다.

한편 글로벌 금융위기 기간을 제외한 모형에서는 인하의 경우에도 예상된 인하와 충격적 인하의 계수값이 같다는 가설을 유의수준 10%에서도 기각할 수 없었다. 결국 '충격효과'의 비대칭성은 글로벌 금융위기 때 충격적인 금리 인하를 했을 때에 기인한 것으로 해석할 수 있다. 이는 경기 침체에는 미디어들의 금리 조정 여부에 대한 관심도를 높여 충격적인 금리 인하에 대한 보도 분량도 늘리는 것으로 이해할 수 있다.

둘째, 충격적 동결도 보도 분량을 유의하게 늘리는 경향이 있었으나 그 탄력성이 0.4 정도로서 충격적 인상 및 인하, 예상된 인상 및 인하보다 낮았고 오직 예상된 동결에 비해서만 미디어의 관심을 끄는 데 우월한 모습을 보였다.

셋째, 총재 더미변수의 경우 이성태 총재와 김중수 총재 모두 경제지를 중심으로 유의하게 양(+)의 탄력성을 보였지만, 그 크기에는 큰 차이가 없었다. Wald test 결과는 두 총재 더미변수의 계수값이 같다는 가설을 유의수준 10%에서도 기각할 수 없었다. 이는 과거에 비해 최근 두 총재들이 미디어의 보도 분량을 늘리는 성향이 있었음을 의미하지만, 이성태 총재와 김중수 총재 사이에서는 유의미한 차이가 없음을 의미한다. 중앙은행 총재들이 2000년대 후반 들어 점차 커뮤니케이션에 더 많은 관심을 두면서 미디어의 보도 분량도 늘어나는 것으로도 해석할 수 있다.[41] 이성태, 김중수 두 총재의 재임 시기는 글로벌 금융위기의 진행 시기와 일부 겹치기 때문에 금융위기로 인해 미디어가 금리 결정에 관심을 더 둔 것으로 볼 수도 있으나, 글로벌 금융위기를 제외한 기간에 대해서도 비슷한 결론이 도출되고 있어 단순한 위기의 영향만으로 설명할 수는 없을 것이다.

이상의 결론들을 정리하면, 우리나라의 경우 금리를 인하할 때 주로 미디어에 대한 '충격효과'가 나타났음을 알 수 있다. 충격적 인상이나 충격적 동결의 경우에는 미디어가 민감한 반응을 하지 않았다고 볼 수 있다. 또 분석기간 후반기의 총재 더미가 유의미하게 미디어 보도 분량을 늘리는 것으로 나타났다.

---

41. 김중수 총재는 2012년 신년사에서 다음과 같이 중앙은행의 커뮤니케이션을 중요함을 강조하면서 커뮤니케이션을 담당하는 부서를 설립하겠다고 했다. "중앙은행이 할 수 있는 일과 할 수 없는 일들에 대하여, 또한 급변하는 국제금융 환경에서 통화신용정책이 동원할 수 있는 정책 수단과 그 효과에 대해서 각 경제주체들에게 투명하고 소상하게 설명하는 소통의 노력의 중요성을 우리 모두 심각하게 느꼈을 것입니다."

금통위의 신호 발송 signaling과
통화정책의 기대경로

여기서는 표 3-5와 표 3-6 회귀분석 결과를 통해 금통위의 금리 결정 신호가 통화정책의 기대경로를 거쳐 어떻게 일반 대중에게 영향을 미칠 수 있는지의 관점에서 해석해 보고자 한다. 우선 논점은 시장을 놀라게 하는 충격적인 신호 발송이 일반 대중의 기대 형성에 있어 매개체 역할을 하는 미디어의 뉴스 보도에도 영향을 미칠 수 있는가 하는 점이다. 즉, '충격효과'가 일반인의 기대 형성에도 영향을 줄 수 있을까 하는 문제다.

앞서 회귀분석 모형에서 금통위가 금리 결정 결과로 보낼 수 있는 신호는 예상된 인상, 충격적 인상, 예상된 동결, 충격적 동결, 예상된 인하, 충격적 인하 등 경우의 수 6가지이다. 표 3-5의 회귀분석 결과 (3) 중 분석결과 (1)에서 표면적인 계수값만 보면 각 신호의 탄력성은 충격적 인하(1.2164)가 가장 크고, 예상된 인상(0.8750), 충격적 인상(0.7082), 예상된 인하(0.6165), 충격적 동결(0.3965), 예상된 동결의 순으로 탄력성이 감소하는 것을 알 수 있다. 또 우리는 표 3-5 결과에 대한 Wald test를 통해 예상된 인상과 충격적 인상의 계수값이 같다는 가설을 기각할 수 없었고, 예상된 인하와 충격적 인하의 계수값이 같다는 가설을 기각할 수 있었기 때문에 인상과 인하에 있어 '충격효과'는 비대칭적인 효과를 나타낸다는 결론을 내릴 수 있었다.

하지만 Wald test를 좀 더 확장하면 이런 비대칭성이 희석되는 결과를 얻을 수 있다. 즉, 예상된 인상, 충격적 인상, 예상된 인하, 충격적 인하의 계수값이 모두 같다는 가설을 가지고 Wald test를 한 결과, t값은 2.0331(p값은 0.1138)로 유의수준 10%에서도 가설을 기각할 수 없었다. 여기에 더해 금융위기 기간을 제외한 표 3-6의 회귀분석 결과 (4) 중 분석 결과 (1)에 대해 동일한 Wald test를 진행한 결과 t값은 0.3641(p값은 0.7790)으로 네 값이 모두 같다는 가설을 역시 유의수준 10%에서 기각할 수 없었다. 즉, '충격효과'의 비대칭성은 견고하지 않으며, 위기 때 금리 결정에 대한 보도 분량이 늘어나는 효과를 제외하면 사실상 일반 대중의 기대에 영향을 미치는 '충격효과'를 기대하기 힘들다는 것이다.

이 같은 분석 결과는 만약 금통위가 금리 결정 신호를 발송할 때 있어서 금융시장에 참가하는 전문가 그룹만을 대상으로 삼아 '충격효과'를 이용하고자 한다면 미디어를 통해 일반 대중의 기대 형성에까지 영향을 미치기에는 부족함이 있을 것이라고 해석할 수 있다.

기존 연구들은 중앙은행이 금융시장에 대해서 충격 신호를 발송하는 것은 적지 않은 영향력을 발휘할 수 있다는 결론을 내리고 있다. Bernanke and Kuttner(2005)는 1989~2002년의 예기치 못했던 연방기금금리의 변경이 주식시장에 미치는 영향에 대해서 분석했는데, 0.25%p의 충격적인 기준금리 하향 조정은 주가를 1% 올리는 효과가 있다는 결과를 얻었다. 글로벌 금융위기 이후 미국과 영국의 양적완화와 같은 대규모 자산 매입 정책LSAP, Large Scale Asset Purchases을 연구한 Glick and Leduc(2011)은 LSAP 정책 발표가 금리 결정 발표와 같은 신호 발송 효과signaling effects를 준다는 결과를 얻었다. 시장을 놀라게 하는 확장적인 LSAP 발표는 상품가격과 장기금리를 떨어뜨리고 달러를 평가절하시키는 효과가 있다는 분석 결과를 내놨다. 반대로 시장의 전망보다 확장적이지 않은 LSAP 발표는 장기금리, 달러 가치, 상품 가격을 모두 상승시키는 효과가 있었다.

우리나라에서는 선정훈·정익준(2002)이 1999년 5월~2002년 6월 동안 일간 자료를 이용하여 콜금리 변동과 주가와의 상관관계를 분석해 본 결과, 예상하지 못한 콜금리 변동에 주가가 뚜렷한 반응을 보이지 않았다. 그러나 손욱·엄윤성(2006)이 1999년 5월~2004년 6월의 일중 거래 자료를 이용해 분석해본 결과, 주식시장은 콜금리 목표 조정뿐만 아니라 향후 통화정책 방향을 시사하는 발언에 대해서도 반응을 했으며, 발표 시점 직전과 직후에 반응의 정도가 컸다.

그러나 이렇게 금융시장에 미치는 영향력이 있다고 해서 중앙은행이 '충격효과'를 추구하는 것이 바람직한지에 대해서는 논란의 여지가 있다. 중앙은행은 침체에 빠진 경제를 추동하기 위해 금리 인하 때 '충격효과'를 추구하려는 유혹에 빠지기 쉽다. 금리 인하는 금리 부담을 줄여주는 조치여서 상대적으로 중앙은행이 보내는 신호에 일반 대중이 무관심할 수도 있다. 그러나 통화정책 수립에 있어서 중앙은행은 독점적 지위를 부여받고 있으며, 정책 결정 과정에서 민간에 대비해 정보 우위를 점하고 있다. 이런 불완전 정보 아래에서라면 민간 부문에 중앙은행의 정책 목표와 전망에 대한 정보를 제공하는 데 있어 중앙은행의 커뮤니케이션이 중요한 역할을 하게 된다. 중앙은행과 민간의 정보 차이information gap를 줄이려는 데 있어 '충격효과'를 추구하는 것은 시장에서 중앙은행의 신뢰를 잃어버리게 하는 역효과를 낼 수 있다.

더 나아가 중앙은행이 금융시장뿐만 아니라 일반 대중의 기대에 영향을 미치고자 한다면 한은이 금리 결정 신호를 보내기 위해 '충격효과'를 추구하는 것은 바람직하지 않을 수 있다. 본고의 연구 결과에 따르면 '충격효과' 자체는 일반 대중의 기대에 영향을 미칠 수 있는 매체의 보도 분량 증가에 예상된 금리 조정보다 유의미하게 큰 영향을 미치지 못한다. 그렇다면 시장이 충분히 예견할 수 있도록 더욱더 투명성을 추구하는 게 바람직한 통화정책이라고 할 수 있다. 이와 관련해 손욱·엄윤성의 분석에 따르면 정례적인 통화정책 발표가 변동성 확대를 완화시키는 요인으로 작용했다. 즉 통화정책과 관련된 대외 발언을 한은이 정례화함으로써 이에 따른 주식 시장의 변동성 확대를 최소화할 수 있다는 얘기다.

통화정책의 패러다임이 점차 공개주의로 바뀌면서 통화정책의 유효성을 확보하는 방식에 대해서도 '시장에 충격을 주는 방식'보다는 '더 많은 정보를 제공함으로써 불확실성을 줄이고, 시장 효율성을 높이는 방식'이 우월하다는 인식의 전환이 이뤄지고 있다.[42]

중앙은행의 기본적인 목표인 물가 안정을 위해서 기대인플레이션을 낮추기 위해서는 일시적으로 시장에 충격을 줘서 금융시장을 움직이기보다는 일반 대중의 기대에까지 장기적으로 영향을 줘야 할 것이다. 또 이미 제로금리 수준에 도달해서 금리 조정의 여지가 없는 선진국 중앙은행[43]들과 달리 기준금리의 인상과 인하라는 금리 조정의 여지가 있는 우리나라의 경우에는 '충격효과'보다는 예측 가능한 금리 조정을 금통위의 정책 신호 전달 방식으로 이용하는 것이 바람직할 듯하다.

---

42. 이성태(2006)

43. 제로정책금리 아래에서는 통화정책의 파급 경로 중 금리 경로(정책금리 인하 → 단기시장금리 하락 → 장기시장금리 하락 및 은행 여수신금리 하락 → 총수요 증가 및 물가 상승)를 통한 추가적인 완화 정책을 추구하는 것은 사실상 불기능하다. 그러나 금융시장 및 일반 경제주체들이 향후 통화정책 방향에 대해 정확하게 이해하고 있을 경우에는 통화정책 기대경로(통화정책 방향 신호 → 금융시장 및 일반 경제주체들의 기대 변화 → 실물 경기 및 물가 변동)의 효과적인 작동을 기대할 수 있다. 이와 관련 제로정책금리 상태가 된 연준은 2011년 8월 FOMC 성명서에서 최소한 2013년 중반까지 제로정책금리를 유지할 것을 공표했다. 그 후 2012년 1월 제로정책금리 유지 기한을 최소한 2014년 후반까지로 제시했고, 9월에는 2015년 중반까지로 연장하는 식으로 기대에 영향을 미치는 신호를 시장과 일반 대중에게 보내고 있다.(황인선, 2012)

한국에서 금리 결정 보도의
결정 요인은 무엇인가?

한은이 통화정책을 수행하기 위해 결정하는 것은 초단기금리의 기준이 되는 기준금리일 뿐이다. 그러나 통화정책이 목표로 하는 물가 안정과 금융안정[44]을 이루기 위해서는 공개시장 조작 등을 통해 단기금리만 움직이는 것으로 그쳐서는 안 된다. 금리 결정 결정문 공개, 총재 기자회견, 미디어 홍보 등 각종 커뮤니케이션을 통해서 궁극적으로는 경제주체들의 기대와 행동에 영향을 미쳐야 한다. 그래서 중앙은행은 커뮤니케이션 전략을 수립해 금리 결정 발표 내용과 그 배경 등을 투명하게 알림으로써, 기대경로를 활용해 광범위한 일반 대중의 기대를 변화시켜야 한다는 생각이 확산되고 있다.

본 연구에서는 이런 문제의식 아래에서 중앙은행의 금리 결정 신호가 기대경로를 거쳐 일반 대중에게 어떻게 영향을 미칠 수 있는지 밝히고자 하는 목적으로, 금통위의 금리 결정이 미디어를 매개로 해서 어떻게 일반 대중에게 전달되는지 분석했다.

분석 결과 우리나라에서 금통위의 기준금리 인상, 인하라는 금

---

[44]. 2011년 개정된 한국은행법 제1조에는 기존의 목적인 '효율적인 통화신용정책의 수립과 집행을 통하여 물가 안정을 도모함으로써 국민경제의 건전한 발전에 이바지함' 이외에도 '통화신용정책을 수행함에 있어 금융안정에 유의하여야 한다'는 조항이 추가됐다.

리 정책 신호는 그 자체가 미디어의 강한 주목을 받는다는 것을 확인할 수 있었다. 즉, 기준금리 변경이라는 이벤트가 있는 경우에 미디어는 보도 분량을 유의미하게 늘린다는 것이다. 여기서 미디어의 보도 분량 증가는 금통위와 일반 대중의 정보 차이를 축소시킨다는 것을 의미한다.

한편 시장의 예상과 다른 금리 결정 충격은 금리 결정 보도에 미치는 영향이 유의하나, 충격적 인상과 충격적 인하 사이에서는 비대칭적 영향을 주고 있는 것으로 나타났다. 기준금리를 충격적으로 인상하는 것은 사전에 충분히 신호를 주는 경우에 비해 미디어를 통해 일반 대중에게 메시지를 전달하는 데 오히려 취약성이 있음을 시사한다. 반면 예기치 못한 금리 인하의 경우에는 '충격효과'가 크게 나타나는데, 이는 금리 인하는 금리 부담을 줄여주는 변화이므로 사전에 신호를 보낸다고 해도 경제주체들의 부담을 늘리는 금리 인상 신호에 비해서 그다지 주목을 받지 못하게 되는 것과 관련이 있어 보인다.

하지만 '충격효과'의 비대칭성은 견고하지 않으며, 위기 때 금리 결정에 대한 보도 분량이 늘어나는 효과를 제외하면 사실상 '충격효과'가 미디어를 매개로 해서 일반 대중의 기대에 영향을 미치는 것을 기대하기 힘들었다.

또 한은 총재의 성향이 금리 결정 보도에 미치는 영향을 알아보기 위해 넣은 총재 더미변수의 경우, 김중수 총재와 이성태 총재 변수의 계수가 이전 총재들에 비해 유의하게 큰값을 가져 총재들이 점차 커뮤니케이션에 관심을 두면서 경제지를 중심으로 미디어의 보도 분량도 늘어나는 것으로 해석할 수 있었다. 다만, 두 총재 사이에서는 유의미한 차이가 발견되지 않았다.

이상의 분석 결과를 통해 도출할 수 있는 시사점은 크게 다음과 같다. 첫째, 미디어를 통한 금리 결정의 공시효과는 목표금리가 동결될 때에 비해 변경될 때 훨씬 클 것이다. 즉, 목표금리의 변경은 그 자체가 강한 메시지가 됨을 고려할 필요가 있다. 둘째, 금리 인상 시기에 시장에 충분한 신호를 주지 않고 시장과 엇박자 행보를 보이면서 시장의 예상과 다른 결정을 내리는 충격요법은 적어도 미디어에 대해서는 유의한 효과가 없으며, 오히려 더 작은 효과가 나타날 수 있다. 따라서 금리 인상 때 '충격효과'를 의도적으로 추구하는 것은 바람직하지 않다. 다만, 금리 인하의 경우에는 시장의 예상과 다른 충격적 결정을 하면 미디어의 관심도를 높여 일반 대중에게까지 전달되는 정보의 양을 늘릴 가능성은 있었다.

셋째, 2000년대 초반에 비해 후반 들어 미디어가 금리 결정 보도를 더 중시하는 경향이 있다. 이는 중앙은행의 커뮤니케이션 노력, 그 자체가 미디어 및 대중의 기대 형성에 영향을 줄 가능성을 보여준다.

중앙은행의 기본적인 목표인 물가 안정을 위해서 일반 대중의 기대인플레이션을 낮추기 위해서는 일시적으로 시장에 충격을 줘서 금융시장을 움직이기보다는 일반 대중의 기대에까지 장기적으로 영향을 줘야 할 것이다. 또 기준금리의 인상과 인하라는 금리 조정의 여지가 있는 우리나라의 경우에는 금리를 인하할 때도 '충격효과'보다는 예측 가능한 금리 조정을 금통위의 정책 신호 전달 방식으로 이용하는 것이 바람직할 듯하다. 이는 기준금리의 조정 자체만으로도 통화정책 기대경로의 매개체인 미디어에 충분한 신호를 보낼 수 있기 때문이다.

제4장

중앙은행의 커뮤니케이션과 물가 기대: 금리 결정 뉴스가 전문가와 일반인의 기대인플레이션에 미치는 영향

C E N T R A L   B A N K
C O M M U N I C A T I O N

중앙은행의 커뮤니케이션과
기대인플레이션에 대한 연구의 필요성

중앙은행의 통화정책이 거시경제에 효과적으로 파급되는 데 있어 중앙은행 커뮤니케이션의 역할이 점차 중요해지고 있다.[1] 현대적 중앙은행은 기준금리를 변경하는 등의 전통적인 통화정책 수단에만 의존하고 있지 않기 때문이다. 현대적 중앙은행은 경제주체의 기대를 변화시켜서 거시 경제변수를 중앙은행이 원하는 방향으로 변화시키는 것을 점점 더 중요하게 여기고 있고, 이것을 매개하는 것이 중앙은행의 커뮤니케이션이다.

---

1. 통화정책의 파급경로에 대해서는 그림 4-1 참조.

1990년대 이후 효과적인 통화정책 수단에 대한 연구 결과들은 커뮤니케이션이 중앙은행의 정책 수단 중에서 중요하고 강력한 위치를 차지하게 됐다는 증거들을 밝혀내고 있다. 중앙은행의 커뮤니케이션에 대한 앨런 블라인더 교수 등의 광범위한 서베이 논문[2]에 따르면 최근 연구자들은 중앙은행의 커뮤니케이션이 금융시장을 움직이고, 통화정책의 예측가능성을 강화하고, 잠재적으로 중앙은행의 정책 목표를 달성하는 데 도움을 주고 있다는 결과를 내놓고 있다.

그런데 중앙은행이 경제주체들과 커뮤니케이션하는 과정을 연구하는 데 있어 쉽게 범하기 쉬운 오류는 중앙은행의 커뮤니케이션 청중이 단일하고 균질한 집단이라고 가정해버리는 것이다. 실제로는 중앙은행의 청중은 균질하지 않고, 크게 두 부류로 구분할 수 있다. 전문가professional forecasters 그룹과 일반 대중general public이 그것이다.[3] 이 두 그룹은 정보를 처리하는 방식에서 크게 차이를 보인다. 전문가 그룹은 중앙은행과 직접적으로 커뮤니케이션하면서 스스로 정보를

---

2. Blinder et al.(2008)
3. 중앙은행의 청중에 대해서 본격적으로 다룬 논문은 아니지만 중앙은행의 청중을 두 부류로 나눠 설명한 논문이 일부 있다. Blinder and Wyplosz(2004)는 통화정책의 청중을 광범위한 대중과 정치인을 한 묶음으로, 그리고 금융시장 참가자를 다른 한 묶음으로 나눠 파악했다. 광범위한 대중은 매스미디어를 통해 통화정책과 가장 잘 연결될 수 있다고 봤다. Cuckierman(2005)은 중앙은행에 대한 신뢰도가 높은 경우에 일반 대중은 일상적인 인플레이션의 변동에 관심이 없을 수 있지만, 그럼에도 불구하고 금융시장 참가자들은 인플레이션에 대해 상시적으로 점검을 하게 된다고 하면서 중앙은행 정책의 청중을 일반 대중과 금융시장 참가자라는 두 부류로 구분했다.

처리해서 향후 경제변수들에 대한 전망을 하고 경제적 의사 결정을 하게 된다. 이들은 중앙은행이 홈페이지 등을 통해서 공개하는 금리 결정 발표문, 기자회견문, 금융통화회의록 등이나 전문 인터넷 매체의 실시간 정보, 그리고 다른 전문가들의 관점이 반영된 종이신문의 분석 기사 등을 종합해서 물가 등 거시변수에 대한 스스로의 관점을 형성하게 된다. 물론, 전문가 그러나 일반 대중은 미디어를 통해서 간접적으로 통화정책의 내용을 전달받아 인플레이션 기대 등을 형성하고 임금협상에 나서거나 투자, 저축 등의 경제적 의사 결정을 실행하게 된다.

중앙은행 커뮤니케이션 청중을 일반 대중과 전문가라는 두 부류로 구분할 있기 때문에 중앙은행의 커뮤니케이션이 기대경로[4]를 통해 거시경제에 미치는 영향에 대한 연구도 크게 두 가지 방향으로 나눠 생각해봐야 한다. 중앙은행의 각종 커뮤니케이션이 전문가 그룹을 거쳐 금융시장에 영향을 미치는 통로와 미디어를 통해 일반 대중의 기대에 영향을 미치는 통로를 구분해서 봐야 한다는 것이다. 이제까지 중앙은행의 커뮤니케이션이 미치는 영향에 대한 연구는 분량이 많지 않은 데다 주로 기준금리 결정이 금융시장에 미치는 영향에 대해 분석하는 게 주류를 이뤘다.[5] 즉, 전문가 그룹의 기대를 거쳐 금융

---

4. 통화정책의 다양한 파급경로 중 기대경로란 통화정책이 경제주체들의 경기전망과 인플레이션 기대를 변화시켜 소비와 투자의 결정, 물가 등에 영향을 주는 것을 말한다.(한국은행, 2005)

그림 4-1 통화정책의 파급경로

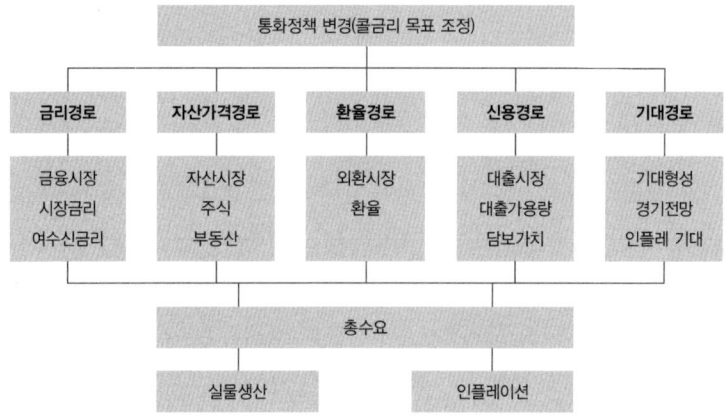

자료: 한국은행(2005)

시장에 미치는 영향을 주로 연구한 것이다.

반면 상대적으로 중앙은행의 커뮤니케이션이 일반 대중의 기대에 미치는 영향과 그 기제에 대한 연구는 적었다. 이에 논리 전개나분석상의 어려움이 있다는 점도 고려해야 한다. 통화정책의 시차나거시변수에 미치는 수많은 변수를 고려한다면 중앙은행의 커뮤니케이션이 기대인플레이션 등 기대변수에 미치는 영향을 추려낸다는건 쉽지 않은 작업이기 때문이다. 또 정보가 전달되는 과정도 복잡

---

5. 우리나라에서 금통위의 기준금리 결정이 금융시장에 미치는 영향에 대한 대표적인연구로는 유만식(2002), 김양우·강태수(2002), 선정훈·정익준(2002), 손욱·성병묵·권효성(2005), 손욱·엄윤성(2006), 황인태·조인영(2007), 김무성(2010) 등이있다.

하고 정확하게 추려내기 어렵다. 한 예로 물가 정보가 일반 대중의 기대인플레이션에 직접 영향을 미치기 보다는 미디어와 전문가 집단의 기대를 거쳐서 마치 전염병이 퍼지듯이 확산된다는 이론이 전개되고 있다.

제4장에서는 미디어의 중앙은행의 금리 결정 보도 분량이 일반 대중과 전문가의 기대인플레이션 형성에 어떻게 영향을 미치는지에 대한 분석을 해보고자 한다. 분석 대상은 2002년 2월부터 2011년 12월까지 10년간 월별 한국의 금리 결정 보도와 기대인플레이션의 관계이다.[6] 방법론으로는 뉴스가 기대인플레이션 형성에 어떤 영향을 미치는지 미국의 사례를 분석한 크리스토퍼 캐럴Christopher Carroll 미국 존스홉킨스대 교수의 방법론을 사용하기로 한다. 캐럴 교수의 2003년 논문[7]은 '완전 정보'가 아닌 '경직적 정보sticky information'를 가정하고, '역학epidemiology'적 방법론을 적용해서 전염병이 확산되는 방식으로 인플레이션 정보가 일반 대중에게 퍼져나간다고 가설을 세워 분석했다. 확산과정에서 미디어는 소수 전문가 그룹의 기대 정보가 일반 대중으로 확산되는 매개체 역할을 하게 된다.

---

6. 한은이 발표하는 일반 대중의 기대인플레이션 시계열은 2002년 2월부터 시작된다.
7. Carroll(2003)

중앙은행 커뮤니케이션에 대한
선행 연구

앨런 블라인더 교수는 중앙은행 커뮤니케이션에 대한 가장 광범위한 서베이 논문에서 "사실상 이제까지 모든 연구들은 중앙은행과 금융시장의 커뮤니케이션에 초점이 맞춰져 있었다. 이제 조금은 중앙은행과 일반 대중의 커뮤니케이션으로 관심을 돌려야 할 때가 온 것 같다"라고 마무리하고 있다. 그 정도로 중앙은행과 일반 대중의 커뮤니케이션에 대한 직접적인 연구는 찾아보기 힘들다. 다만 일반 대중의 기대인플레이션이 어떻게 형성되는지에 대한 연구들에서 중앙은행의 커뮤니케이션과 일반 대중의 기대 관계를 도출해내는 단초를 찾을 수 있다.

최근 기대 형성 과정을 이론적으로 모형화한 연구들을 살펴보면, 과거 1970년대를 풍미했던 '합리적 기대 가설'의 가정을 완화해 경제 주체들이 정보를 완전하게 습득하는 것이 아니라, 제한적으로 습득하거나 정보를 습득해도 제한적으로 처리한다는 가정을 도입하고 있다. 그리고 대중과 정보 사이의 간격은 미디어가 메워주고 있는 것으로 가정해서, 미디어가 정보의 처리 속도를 조절하거나 경제 주체가 미디어를 통해 습득하는 정보를 선택적으로 처리한다는 식으로 설명을 전개해나가고 있다.

2011년 노벨경제학상 수상자이기도 한 크리스토퍼 심스Christopher

Sims 프린스턴대 교수는 '합리적 무관심rational inattention'이란 개념을 사용한다. 그가 주장하는 '합리적 무관심'은 경제주체가 기대를 형성할 때 모든 정보를 활용하지 않는 것이 오히려 합리적이라는 주장이다.[8] 시장 참가자들은 정보를 처리하는 데 제한적인 능력을 갖고 있고, 정보를 전달하는 미디어는 잡음이 섞인noisy 정보를 제공하고 있기 때문이라는 것이다.[9]

그레고리 맨큐Gregory Mankiw 하버드대 교수와 리카르도 레이스Ricardo Reis 컬럼비아대 교수는 2002년 논문[10]에서 '경직적 정보' 때문에 정보가 일반 대중에게 천천히 전파된다고 주장했다. 정보가 경직적이게 된 것은 가격 설정자들이 자신들의 기대를 변화된 정보에 따라 수시로 수정하는 것이 아니라, 정기적으로 수정하기 때문이다. 이에 따라 새로운 가격 정보가 빠르게 퍼지지 않는 것이다. 여기서 미디어는 정보가 일반 대중에게 퍼지는 속도를 조절하는 역할을 하게 된다.

이들의 연구를 이어받고 역학적 방법론을 채용한 크리스토퍼 캐럴 교수는 일반 대중의 기대인플레이션이 형성되는 과정을 모형화했

---

8. Sims(2003)

9. 행동경제학에서 일반적으로 제한된 관심(limited attention) 모형은 보다 덜 중요한 정보를 획득하는 비용이 더 높은 경우에 무관심이 합리적인 모형이라고 할 수 있다. (DellaVigna, 2009) 다시 말하면 합리적으로 무관심한 경제주체가 정보를 수집하고 처리하는 비용이 높다고 인식한다면 그것에 할당하는 시간과 돈의 양을 제한하는 결정이 합리적인 것이다. 반면 심스 교수는 경제주체가 수집한 정보가 잡음이 섞인 정보일 뿐만 아니라 정보를 처리하는 능력이 제한적이라는 가정을 했다.

10. Mankiw and Reis(2002)

다.[11] 캐럴 교수는 중앙은행의 커뮤니케이션 등으로 스스로 기대를 형성하는 집단은 전문가로 한정하고, 나머지 일반 대중은 미디어를 통해서 전문가의 전망을 습득해서 일정 기간마다 기대를 형성한다고 가정했다.

이는 마치 발병률이 일정한 전염병에 걸린 핵심 집단으로부터 전염병이 확산되는 것과 같은 모형인 것이다. 분석 결과는 미디어가 인플레이션과 관련된 보도 분량을 늘릴수록 더 많은 소비자가 그 보도를 읽고, 향후 인플레이션 기대에 대한 정보 집합을 갱신하게 되고 결과적으로 기대인플레이션이 개선된다는 것이다.

이 책에서는 캐럴 교수의 모형을 다소 개선해서 한국에 적용하기 위해 모형화할 계획이므로, 여기서 좀 더 자세히 알아본다. 캐럴 교수의 기본 개념은 다음과 같다.

$$(1)\ M_t[\pi_{t+1}] = \lambda N_t[\pi_{t+1}] + (1-\lambda)\left\{\begin{array}{l}\lambda N_{t-1}[\pi_{t+1}]\\ \quad + (1-\lambda)(\lambda N_{t-2}[\pi_{t+1}] + \cdots)\end{array}\right\}$$

여기서 M_t는 t기의 기대인플레이션의 평균이고, N_t는 t기의 신문에 보도된 기대인플레이션이다.

일반 대중 중 λ는 t기에 다음 기의 기대인플레이션에 대한 정보를

---

11. Carroll(2003)

신문으로부터 습득해서 기대를 바꾸지만 1−λ는 과거에 습득한 기대인플레이션 정보를 그대로 유지한다는 것이다.

캐럴 교수는 1년 후에 대한 기대인플레이션은 이번 기의 뉴스 보도를 통해 형성된 기대와 1기 전의 1년 후 기대인플레이션의 가중 평균이라는 다음과 같은 방정식 (2)를 도출해냈다. 캐럴 교수는 분기별 기대인플레이션을 상정했기 때문에 $\pi_{t,t+4}$는 t기에서 예측한 1년 후 (t+4기)의 인플레이션을 의미한다.

(2) $M_t[\pi_{t,t+4}] = \lambda N_t[\pi_{t,t+4}] + (1-\lambda)M_{t-1}[\pi_{t-1,t+3}]$

(2)식은 실증분석을 하기에 적합한 형태다. 실제로 캐럴 교수는 일반 대중의 기대인플레이션을 의미하는 M_t에 미시간 대학의 기대인플레이션 조사 결과를 넣었고, N_t에는 신문 보도에 나온 기대인플레이션 대신에 필라델피아 중앙은행이 조사한 전문가 전망 조사 결과(S_t)를 넣어 (3)식과 같은 회귀분석 모형을 만들어 실증 분석을 했다. 일반 대중의 전망은 신문 보도의 영향을 받고, 전문가 전망은 '합리적 기대'에 기반을 해서 형성되고 있다는 가정이 들어간다.

(3) $M_t[\pi_{t,t+4}] = a_1 S_t[\pi_{t,t+4}] + a_2 M_{t-1}[\pi_{t-1,t+3}] + \varepsilon_t$

1981년 3분기~2000년 2분기를 대상으로 분석한 결과 a_1=0.27로 유의수준 1%에서 유의미한 값이었는데, 이는 약 4분의 1의 가구가 신문 보도를 보고 1년 후 기대인플레이션을 완전하게 바꾸고 나머지는 유지한다는 것을 의미한다고 해석할 수 있다.

한편 Maag and Lamla(2009), Lamla and Lein(2011) 등의 논문에서는 베이지안Bayesian 학습 모형을 이용해서 기대가 형성되는 과정을 설명했다. 이 모형에서는 경제주체들이 미디어를 통해 전달되는 뉴스를 통해서 인플레이션에 대한 정보를 갱신할 뿐만 아니라, 경제주체들은 미디어가 전달하는 보도가 미래 인플레이션에 대해 상당한 잡음을 포함하고 있다는 것을 인식하고 있다는 가정을 한다. 때문에 경제주체들은 정보 추출의 문제에 직면하게 된다.

경제주체들은 잡음이 섞인 미디어 보도에서 합리적인 인플레이션 전망에 대해서 학습하게 되고, 보다 많은 신호가 들어오면(보도 분량이 늘어나면) 인플레이션 전망도 개선되게 된다는 것이다. 이들의 모형은 다음과 같은 식으로 표현된다.

$$(4)\ E(\pi_{t,t+1} | \Psi_{U,t}) = \rho_t \pi_{i,t} + (1-\rho_t)\overline{\Psi_t}$$

여기서 $\Psi_{U,t}$는 뉴스를 접해서 얻는 정보로서 $\Psi_{U,t} \sim N(\theta_t, \sigma_\Psi)$의 분포를 갖는 확률변수이다. $\overline{\Psi_t} = V^{-1}\sum\limits_{v=1}^{V}\Psi_{v,t}$로서 뉴스로부터 받는 잡음이 섞인 정보의 평균이다. $\pi_{i,t}$는 경제주체 i의 t기에 대한 기대

인플레이션이다. 여기서 $\rho_t = \dfrac{V^{-1}\sigma_\psi}{\sigma_a + V^{-1}\sigma_\psi}$ 로 주어진다.

(4)식의 의미는 t+1기에 형성된 기대인플레이션의 평균은 전기에 형성된 기대인플레이션 평균과 뉴스를 통해 습득한 정보의 평균을 가중 평균한 것으로 표현된다는 것이다. 가중치인 ρ_t는 V_t가 증가할수록 작은 값을 가지게 돼서, 보도 분량이 증가할수록 전기 기대인플레이션보다 뉴스를 통해 습득한 정보의 평균을 더 많이 반영하게 된다.

Lamla and Lein(2012)은 식 (4)의 모형을 가정한 다음, 뉴스에서 받는 잡음이 섞인 정보의 평균을 합리적으로 전망하는 전문가들의 기대인플레이션으로 대치한 후에 다음과 같은 추정식을 얻었다.

(5) $Gapexp_t = a + \beta Gapexpt_{-1} + \Gamma Media_t + \delta Z_t + \varepsilon_t$

여기에서 $Gapexp$는 일반 대중과 전문가 기대인플레이션 차이의 절댓값, $Media$는 보도 분량과 성향 등 미디어 관련 변수, Z는 통제변수로, 유로의 도입과 실제 인플레이션율을 사용했다. 이들이 1998년 1월~2009년 9월의 독일의 자료를 가지고 추정한 결과, 미디어의 인플레이션 보도 분량이 늘어날수록 일반 대중과 전문가의 인플레이션 차이가 줄어든다는 결과를 얻었다. 다만, 이런 효과는 뉴스 성향에 영향을 받았는데, 중립적인 성향의 뉴스 보도가 늘어나면 소비자 기대인플레이션의 정확성이 개선되지만 부정적인 성향의 보도가 늘어나면 정확성이 감소하는 것으로 나타났다.

중앙은행 커뮤니케이션과
기대인플레이션 관계에 대한 분석모형

이 책에서는 앞에서 소개한 캐럴 교수의 방법론을 적용해서 분석
모형을 도출하고자 한다. 일반 대중은 신문 보도에 노출된 후에 일부
만이 인플레이션에 대한 기대를 변화시킨다고 가정한다. 나머지는 과
거에 형성한 기대인플레이션을 그대로 유지한다고 가정한다. 식 (2)를
분기별 자료가 아니라 월별 자료를 사용하는 것으로 가정하고 변수
의 이름을 바꿔 다시 쓰면 다음과 같다.

$$(6)\ \pi^{\varepsilon}_{t,t}{}_{+12} = \lambda N_t + (1-\lambda)\pi^{\varepsilon}_{t-1,t+11}$$

여기서 N_t의 대용 지표로 캐럴 교수는 전문가들의 전망을 사용했
으나, 책에서는 금리 결정 보도 분량(V_t)을 넣었다. 또 통제변수로 전
기의 실제 인플레이션을 넣어 다음과 같은 기본 추정식을 만들었다.
실제 인플레이션은 연평균 물가상승률을 사용했다.

$$(7)\ \pi^{\varepsilon}_t = \beta_0 + \beta_1 V_t + \beta_2 \pi^{\varepsilon}_{t-1} + \beta_3 \pi_{t-1} + \varepsilon_t$$

(π^ε는 기대인플레이션, π는 인플레이션, V는 미디어 보도 분량)

실제로 분석을 할 때에는 기본 방정식에 기준금리 인상, 인하의 영향을 반영할 수 있는 더미변수도 추가해서 분석한다.

또 미디어의 금리 결정 보도가 일반 대중과 전문가의 기대인플레이션 격차에 어떤 영향을 주는지를 알아보기 위해 Lamla and Lein(2012) 논문의 추정식 (5)에 금리 결정 보도 분량 변수를 추가한 다음과 같은 추정식을 사용해서 분석한다.

(8) $Gapexp_t = \beta_0 + \beta_1 V_t + \beta_2 Gapexp_{t-1} + \beta_3 \pi_{t-1} + \varepsilon_t$
($Gapexp$는 일반 대중과 전문가 기대인플레이션 차이의 절댓값)

기대인플레이션 지표로는
어떤 것들이 사용되나

한은은 2002년 2월부터 매월 일반인 또는 가구를 대상으로 향후 1년간의 예상 소비자물가상승률(연평균)을 조사하고 있다.[12] 2006년 6월까지는 '물가에 관한 국민의식조사'를 통해 전국 20세 이상 일반

---

12. 이후 우리나라의 기대인플레이션에 대한 내용은 이정익, '우리나라 기대인플레이션의 특징', 한국은행, 2012의 설명에 기초하고 있다.

인 1,500명을 대상으로, 2006년 7월부터는 '소비자동향조사'를 통해 전국 56개 도시의 2,200가구를 대상으로 조사했다. 한은은 향후 1년 간의 예상 물가상승률을 구간별로 조사한 후 구간의 중앙값median을 응답자수로 가중 평균한 값을 제시한다. 현재 구간은 −0.5%~8.0% 사이의 9개 구간으로 구분돼 있다.

이 같은 일반인 서베이 지표 조사는 일반 가구를 대상으로 한 것이어서 본 연구에서는 이 지표를 일반 대중의 기대인플레이션 지표로 사용한다.

그런데 한은은 기대인플레이션 관련 설문을 할 때 참고 자료로 지난 1년간의 연평균 소비자물가상승률을 제시한다.[13] 그래서 기대인플레이션 형성에 있어서 과거 실제 인플레이션이 미치는 영향이 상당할 것으로 추정된다.

한편 이 지표는 시계열의 연속성에서 한계점이 있다. 지난 2004년 2월 응답구간에 기존 설문에는 없던 '1% 미만'이 추가되자 변경하기 직전 달의 기대인플레이션에 비해 큰 폭(0.8%p)으로 하락했던 바가 있다.

전문가를 대상으로 한 기대인플레이션은 한은의 전문가 서베이 지표와 영국의 거시경제지표 서베이 전문기업인 킨센서스 이코노믹

---

13. 예를 들어 2012년 9월 설문지의 경우에는 '참고로 지난 1년간 연평균 소비자물가상 승률은 2.9%였다'는 문구가 덧붙여졌다고 한다. (「통계는 새빨간 거짓말?…기대인플 레이션은 수리 중」, 조선비즈, 2012년 9월 12일)

스에서 조사하는 전문가 서베이 지표가 대표적이다. 한은의 전문가 서베이 지표는 2005년 3분기부터 매분기 첫째 달에 경제연구소, 금융기관 소속 경제 전문가를 대상으로 소비자물가상승률 전망을 조사한 것이다. 이는 분기별 자료이고 이용 가능한 시계열이 길지 않은 단점이 있다.

반면 컨센서스 서베이 지표는 매월 투자은행, 증권회사, 경제연구소 등의 경제 전문가를 대상으로 해당 연도와 다음 연도의 연간 소비자물가 전망치를 조사한 것이다. 컨센서스 서베이 지표는 전문가 패널이 응답한 해당 연도와 다음 연도 전망치를 향후 1년을 구성하는 각 연도의 개월 수로 가중 평균해서 향후 1년간의 기대인플레이션 지표로 사용한다.[14]

이밖에도 명목국고채(10년 만기)와 물가연동국고채(10년 만기) 간의 수익률 차이를 금융시장에서 형성된 향후 10년간의 연평균 기대인플레이션으로 볼 수 있으나, 우리나라의 경우 물가연동국고채의 발행 잔액이 적고 이용 가능한 시계열도 적다.[15]

본 연구에서는 월 단위의 기대인플레이션 지표를 산출할 수 있고

---

14. 예를 들어 2011년 8월에 조사한 2011년과 2012년의 연간 소비자물가상승률 전망치의 평균이 각각 4.2%, 3.2%라면 향후 1년간의 기대인플레이션은 3.5%(=4.2×(4/12)+3.2×(8/12))로 산출된다.(이정익, '우리나라 기대인플레이션의 특징', 한국은행, 2012)

15. 우리나라에서 물가연동국고채가 처음 발행된 때는 2007년 3월이다. 2012년 6월말 국고채 잔액 356조원 중 1.8%에 불과한 6조 2천억 원이 물가연동국채 상장 잔액이다.

이용 가능한 시계열이 긴 컨센서스 서베이 지표를 전문가 집단의 기대인플레이션 지표로 사용한다.

한편 두 변수에 대해 Augmented Dickey-Fuller 검정을 실시한 결과 유의수준 1%에서 단위근이 존재한다는 가설을 기각했다.

미디어의 보도 분량에 대한 측정 방법

미디어의 보도 분량은 미디어가 해당 사안을 얼마나 중시하느냐를 직접적으로 보여주는 변수이다. 언론사들은 자체 판단한 뉴스가치에 따라 기사의 보도 분량과 기사의 배치를 결정한다. 따라서 보도 분량이 늘어날수록 미디어가 보는 뉴스가치가 크다고 해석해도 무방하다.[16]

본 연구에서는 금통위의 금리 결정일과 그 다음 날의 종이신문(종합일간지와 경제지)의 금리 결정에 대한 보도 분량(V_t)을 측정해 분석대상으로 삼고 있다.[17] 구체적으로 기사 중에 '금융통화위원회'나 '금통위'라는 단어가 포함되어 있으면 금리 결정과 관련된 보도라고 판단했고, 보도 분량은 해당 기사의 글자수로 계량화했다. 보도 분

---

16. 미디어의 보도성향을 추가로 분석하는 것도 흥미로울 것이나 현재 우리나라의 기사 데이터베이스에서 보도성향을 추출해내기란 쉽지 않다.

량 측정시점을 금리 결정일과 그 다음날로 한 것은 석간의 경우 그날 오후에, 조간의 경우 다음날 아침에 보도가 나오기 때문이다.

자료는 언론재단의 KINDS를 이용해서 측정했다. KINDS에서는 종합일간지로는 경향신문, 국민일보, 내일신문, 동아일보, 문화일보, 서울신문, 세계일보, 한겨레신문, 한국일보 등 9개 언론사의 기사를 추출해서 기사분량을 측정했다. 이들 신문들 중 내일신문과 문화일보는 석간이고, 나머지는 조간이다. 경제지로는 KINDS에 수록된 매일경제, 서울경제, 한국경제 등 3곳을 대상으로 기사분량을 측정했다. 경제지는 모두 조간이다. 조선일보의 경우에는 해당사의 데이터베이스에 접속해서 기사분량을 측정했다.

금리 결정 보도 분량(로그값) 변수의 추이[18]를 살펴보면 뚜렷한 추세는 보이지 않으나, 2000년대 초에 비해서 최근의 보도 분량이 더 많다. 변수에 대해 Augmented Dickey-Fuller 검정을 실시한 결과, 유의수준 1%에서 단위근이 존재한다는 가설을 기각했다.

한편 전문가와 일반 대중의 기대인플레이션과 보도 분량 사이의 그랜저 인과관계Granger Causality를 검증해본 결과, 1기 시차의 경우 보도 분량이 전문가의 기대인플레이션을 유의수준 10%에서 그랜저 코즈Granger cause하고 그 반대 방향으로 전문가의 기대인플레이션율도

---

17. 미디어에는 종이신문과 방송 그리고 인터넷 매체 등이 있다고 할 수 있는데, 2002년 이후 10년 간의 시계열 자료를 일관성 있게 얻을 수 있는 미디어는 종이신문뿐이어서 이를 분석대상으로 삼기로 했다.

18. 제3장 그림 3-1 참조.

표 4–1 그랜저 인과관계 검증 결과

귀무가설	시차 1기	시차 2기	시차 3기
전문가 ↛ 일반 대중	2.4628 (0.1193)	1.5813 (0.2103)	1.2008 (0.3130)
일반 대중 ↛ 전문가	0.2697 (0.6046)	0.4717 (0.6252)	2.0351 (0.1132)
보도 분량 ↛ 전문가	3.6868* (0.0573)	1.6639 (0.1940)	1.4639 (0.2284)
전문가 ↛ 보도 분량	3.4942* (0.0641)	0.8945 (0.4112)	1.0874 (0.3577)
보도 분량 ↛ 일반 대중	0.3877 (0.5348)	0.2742 (0.7607)	0.1557 (0.9258)
일반 대중 ↛ 보도 분량	1.1282 (0.2904)	0.7839 (0.4591)	0.7593 (0.5193)

※ 숫자는 F−통계량을 나타내며 괄호 안은 p값이다. *, **, ***는 변수간 그랜저 인과관계가 없다는 귀무가설을 유의수준 각각 10%, 5%, 1%에서 기각(인과관계가 존재)한다는 것을 의미한다.

보도 분량을 유의수준 10%에서 그랜저 코즈하는 것으로 나타났다. 시치 3기까지 인과관계를 검증하였으나, 나머지 시차에서는 유의수준 10%에서 그랜저 인과관계가 없다는 가설을 기각해야 했다.

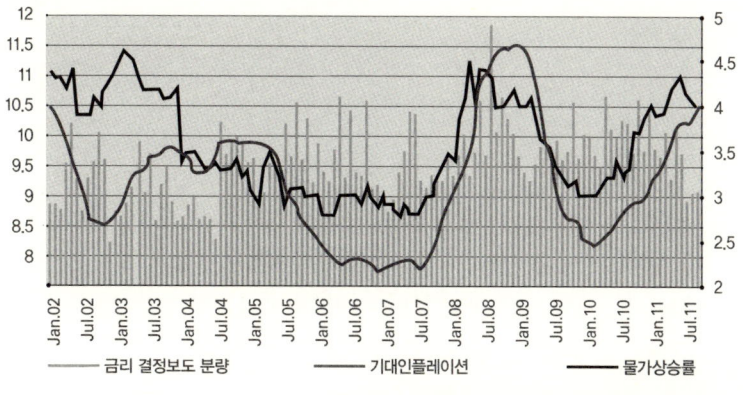

그림 4-2 금리 결정 보도와 기대인플레이션의 추이

자료: KINDS, 조선일보 데이터베이스, 한국은행 데이터베이스

금리 결정 보도와
기대인플레이션 관계에 대한 실증 분석

이 책에서는 금리 결정 보도가 증가하면 일반 대중들은 중앙은행이 자신의 목표인 물가 안정을 위해 노력하고 있다는 기대를 형성하게 되면서 기대인플레이션율이 낮아진다고 가정하고 이를 검증해보기로 한다. 방현철·하준경(2013) 논문에 따르면 중앙은행의 금리 결정에 대한 보도 분량은 금리를 동결했을 때보다 금리의 인상, 인하 등 금리 조정이 있을 때 유의미하게 늘어난다. 한편 금리 조정의 방향에 따라 기대인플레이션의 방향이 달라질 수 있어 기준금리 인상

과 인하에 대한 더미변수를 넣어 금리 조정의 영향을 추가적으로 확인해 봤다.

앞장의 그림 4-2는 금리 결정 보도 분량과 일반 대중의 기대인플레이션, 그리고 연평균 물가상승률의 추이를 비교한 것이다. 그림에서 보면 글로벌 금융위기 전까지만 해도 금리 결정 보도가 증가하면 기대인플레이션이 낮아지는 경향이 보이지만, 금융위기가 발생한 이후에는 그 경향이 뚜렷하지 않다. 한편 기대인플레이션은 2004년 이후 실제 인플레이션에 후행하는 모습을 보이고 있다.

미디어의 금리 결정 보도 분량이 기대인플레이션의 형성에 미치는 영향을 실증 분석하기 위해서 다음과 같은 추정식을 사용하기로 했다. 3절의 분석모형에서 제시한 기본 추정식 (6)에 그랜저 인과관계 분석에서 나타난 보도 분량과 전문가 인플레이션의 관계를 알아보기 위해 보도 분량에 대해 1기 시차를 넣었고, 추가로 기준금리 인상과 인하 더미변수를 넣었다.

$$(9) \ \pi_t^\varepsilon = \beta_0 + \beta_1 V_t + \beta_2 V_{t-1} + \beta_3 \pi_{t-1}^\varepsilon + \beta_4 \pi_{t-1} + \beta_5 D_t + \varepsilon_t$$

(π^ε는 전문가 또는 일반 대중의 기대인플레이션, V는 미디어의 금리 결정 보도 분량, π는 연평균 물가상승률, D는 더미변수)

표 4-2를 보면 추정식 (9)에 대한 추정 결과 ①에서 보도 분량은 일반 대중의 기대인플레이션에 유의수준 10%에서도 영향을 미치지

표 4-2 회귀분석 결과 (1)

	① π^{ε}_t = 일반 대중		② π^{ε}_t = 전문가	
Constant	-0.2095 (0.4383)		0.2508 (0.2916)	
Volume(log)	0.0291 (0.0386)		0.03270 (0.0282)	
Volume(log lagged)	0.0117 (0.0306)		-0.0421 (0.0226)	*
Inflation(lagged)	-0.0063 (0.0370)		-0.00237 (0.0209)	
expected inflation(lagged)	0.9502 (0.0440)	***	0.9584 (0.0349)	***
Up (Rate increase)	-0.0532 (0.0642)		-0.0199 (0.0475)	
Down (Rate decrease)	-0.04386 (0.0750)		-0.2281 (0.0554)	***
Adjusted R²	0.8894		0.8746	
Durbin-Watson stat	2.1733		1.5813	

※ 괄호 안은 표준오차 값을 나타내며, *, **, ***는 추정치가 10%, 5%, 1% 범위에서 유의미한 값을 갖는 것을 의미한다.

못하는 것으로 나타났다. 그러나 추정 결과 ②에서는 유의수준 10%에서 전기의 보도 분량은 전문가의 기대인플레이션을 낮추는 효과가 있음을 알 수 있다.

전문가이든 일반 대중이든 기대인플레이션은 전기의 기대인플레이션에 가장 큰 영향을 받고 있었다.

이는 보도 분량의 증가가 일반 대중의 기대인플레이션을 안착시킬 것이라는 가정과는 어긋나는 것이다. 블라인더 교수 등은 인플레이션 목표제 도입과 기대인플레이션의 관계를 연구한 논문을 서베이하면서 "인플레이션 목표제를 도입한 나라에서 기대인플레이션은 잘 안착돼anchored 있으며, 인플레이션 전망 오차도 적었다"고 정리했다. 중앙은행이 인플레이션 목표제를 도입해서 투명성을 높이면 일반 대중에게 중앙은행의 물가 안정 의지가 명확하게 전달되고 정책방향에 대한 민간의 이해와 예측력이 높아져서 기대인플레이션을 안정적으로 유지하는 데 도움이 되기 때문이다.

그래서 우리나라도 1998년 물가 안정 목표제를 도입하면서 미디어의 금리 결정 보도 등을 매개로 일반 대중의 기대인플레이션이 안착화되는 기제[19]가 작동할 것으로 기대했으나, 분석 결과에서는 그 기제가 제대로 작동하지 않는 것으로 보인다. 다만 설명변수로 금리 결정 보도만을 상정했기 때문에 이 같은 결과가 나왔을 수도 있다. 한은 총재가 각종 강연을 통해서 의견을 개진하는 등의 다양한 커뮤니케이션 노력을 설명변수로 반영했다면 다른 결과가 나왔을 수도 있다. 한은이 앞으로 그 기제가 제대로 작동하도록 커뮤니케이션을 강화해야 할 지점이다.[20]

---

19. 한은의 일반 대중을 대상으로 한 기대인플레이션 조사는 2002년 2월 시작됐기 때문에 1998년 물가 안정 목표제 도입 이전과 비교해서 물가 안정 목표제가 일반 대중의 기대인플레이션을 낮췄는지 여부를 검증하긴 쉽지 않다. 그러나 Blinder et el.(2008) 등의 외국 연구 결과를 참조하면, 우리나라에서도 물가 안정 목표제가 기대인플레이션을 안착시켰을 것으로 추정된다.

일반 대중과 전문가의 기대인플레이션 관계 분석

일반 대중의 기대인플레이션과 미디어 보도의 관계를 분석할 때, 미디어 보도의 대용변수로 금리 결정 보도 분량을 쓴 본 연구와 달리 Carroll(2003)이나 Lamla and Lein(2012) 등의 연구 논문에서는 미디어 보도의 대용변수로 전문가들의 기대인플레이션을 사용했다. 전문가의 기대인플레이션을 합리적 기대에 의해 형성된 것으로 보고, 전문가들의 기대인플레이션을 미디어가 보도하면 일반 대중에게 그 기대가 확산된다고 가정했기 때문이다.

본 연구에서는 우선 일반 대중과 전문가의 기대인플레이션의 관계를 분석한 후, 추가적으로 미디어의 금리 결정 보도 분량을 모형에 넣어 보도 분량이 늘어나면 일반 대중과 전문가의 기대인플레이션 차이가 줄어드는지 확인해본다.

그림 4-3은 일반 대중과 전문가의 기대인플레이션 추이를 기준금리 추이와 비교해서 그린 것이다. 2004년 초반부터 2008년 중반

---

20. 오영길·이환석·강영관(2012)은 19개국의 기대인플레이션을 분석한 연구 '각국 기대인플레이션의 특징'에서 "중앙은행의 투명성이 높을수록 기대인플레이션이 실제 인플레이션에 덜 민감하고 물가 목표에의 안착 정도도 높은 것으로 분석된다"며 "따라서 중앙은행은 물가 상승이 기대인플레이션 상승으로 이어지지 않도록 유의하여야 하며 이를 위해서는 커뮤니케이션 활성화를 통해 투명성을 제고하는 데 많은 노력을 기울여야 할 것으로 판단된다"고 했다.

그림 4-3 기준금리 변경과 기대인플레이션의 변동

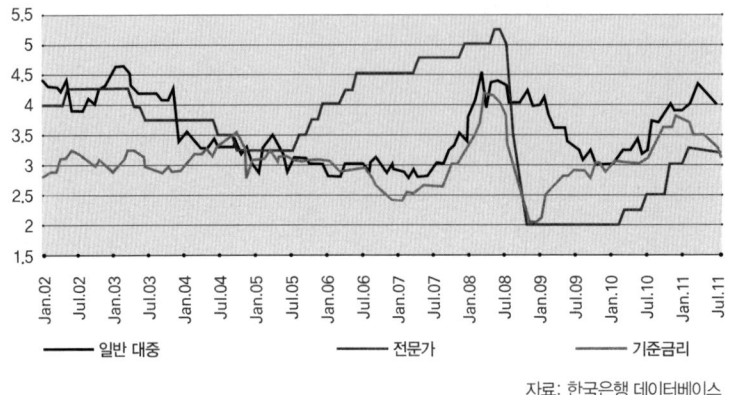

자료: 한국은행 데이터베이스

까지는 일반 대중과 전문가의 기대인플레이션 추이가 같은 방향으로 움직이는 추세가 뚜렷하다. 이 시기는 기준금리 인상시기(2004년 11월 ~2008년 8월)가 대부분 포함된다.

한편 일반 대중과 전문가의 기대인플레이션을 각각 1년 후 실제 물가상승률과 RMSE^{Root Mean Squared Error}를 산정해본 결과, 일반 대중의 RMSE값은 0.88로 전문가의 0.74보다 높았다. 전문가의 기대인플레이션이 상대적으로 더 정확하다고 해석 가능하다. 또 그림 4-3에서 확연하게 나타나듯이 전문가 집단의 기대인플레이션이 일반 대중의 기대인플레이션보다는 낮다. 그래서 두 집단의 기대인플레이션 격차가 줄어드는 것은 일반 대중의 과도한 기대인플레이션 상승이 억제된다고 해석할 수 있다.

우선 일반 대중과 전문가의 기대인플레이션 관계를 알아보기 위해 캐럴 교수의 논문에 나온 추정식 (3)을 다음과 같은 추정식 (10)으로 변환해서 분석했다.

(10) $\pi^\varepsilon_t = \beta_0 + \beta_1 S_t + \beta_2 \pi^\varepsilon_{t-1} + \varepsilon_t$

(π^ε는 일반 대중의 기대인플레이션, S는 전문가의 기대인플레이션)

뒷장의 표 4-3의 추정결과 ①에서 전문가 기대인플레이션의 계수가 0.1043로서, 약 10%의 일반 대중이 신문보도를 보고 전문가의 기대인플레이션에 따라 기대를 바꾼다고 해석할 수 있다. 또 $\beta_0=0$, $\beta_1+\beta_2=1$이라는 귀무가설은 각각 유의수준 10%에서 기각할 수 없었기 때문에 우리나라에서도 캐럴 교수가 미국을 대상으로 한 연구에서 가정한 전염병 확산 방식으로 기대가 확산된다고 추정할 수 있다. 이는 기대 확산식 (3) $M_t[\pi_{t,t+4}] = \lambda N_t[\pi_{t,t+4}] + (1-\lambda)M_{t-1}[\pi_{t-1,t+3}]$이 성립하려면 실증분석식 (10)에서 $\beta_0=0$, $\beta_1+\beta_2=1$이어야 하기 때문이다.

표 4-3 회귀분석 결과 (2)

	①		②	
Constant	-0.0309 (0.1494)			
S	0.1043 (0.0443)	**	0.0978 (0.0314)	***
expected inflation(lagged)	0.9185 (0.0307)	***	0.9155 (0.0267)	***
Adjusted R²	0.8987		0.8986	
Durbin-Watson stat	2.2029		2.1953	
Wald Test	$\beta_0 = 0$ (0.8366)		$\beta_1 + \beta_2 = 1$ (0.0486)	**
	$\beta_1 + \beta_2 = 1$ (0.6241)			

※ 종속변수는 일반 대중의 기대인플레이션이다. 회귀분석 결과의 괄호 안은 표준오차 값을 나타내며, *, **, ***는 추정치가 10%, 5%, 1% 범위에서 유의미한 값을 갖는 것을 의미한다.(Wald Test에서 괄호 내는 p값을 나타내며, 각 범위에서 가설을 기각한다.)

여기에 금리 결정 보도 분량의 증가가 전문가의 기대인플레이션을 감소시킨다는 앞의 분석 결과를 결합시켜 보면, 실증적으로 직접 밝혀내지는 못했지만 간접적으로 보도 분량의 증가가 일반 대중의 기대인플레이션에 영향을 끼치는 것으로 추정할 수 있다.

또 추정결과 ②에서도 전문가 기대인플레이션의 계수가 0.0978이라는 결과는 얻었지만 Wald test를 해 본 결과로는 $\beta_1 + \beta_2 = 1$이라는 귀무가설을 유의수준 5%에서 기각할 수 있었다.

금리 결정 뉴스가 일반 대중과
전문가의 기대인플레이션 격차에 미치는 영향 분석

다음으로 미디어의 금리 결정 보도 분량이 늘어나면 일반 대중과 전문가의 기대인플레이션 차이가 줄어드는지 확인해보기 위해 다음과 같은 추정식 (11)을 분석했다.

$$(11)\ Gapexp_t = \beta_0 + \beta_1 V_t + \beta_2\, Gapexp_{t-1} + \beta_3 \pi_{t-1} + \varepsilon_t$$

여기에서 $Gapexp_t = |\pi^\varepsilon_{t-1} - S_t|$[21]이고, V는 미디어의 금리 결정에 대한 보도 분량, π는 연평균 물가상승률이다.

뒷장의 표 4-4의 회귀분석 결과 중에서 전체 시계열 구간을 대상으로 한 분석 결과 ①을 보면 미디어 보도 분량이 일반 대중과 전문가의 기대인플레이션 차이에 미치는 영향은 통계적으로 유의미하지 않았다.

그러나 분석 기간을 2004년 2월~2008년 8월로 한정시킨 분석 결과 ②를 보면 금리 결정에 대한 보도 분량의 계수가 유의수준 5%에서 유의미한 음(-)의 값을 가져, 보도 분량이 늘어나면 일반 대

---

21. Carroll(2003)은 $GAPSQ_t = a_0 + a_1 NEWS_t$라는 모형을 만들어 회귀분석을 했는데, 여기서 $GAPSQ_t$는 일반 대중(M_t)과 전문가(S_t)의 기대인플레이션 격차의 제곱항인 $(M_t - S_t)^2$를 사용했고, $NEWS_t$는 실제 인플레이션 지수를 미디어 보도의 대용변수로 사용했다.

중과 전문가의 기대인플레이션 격차를 줄이는 것으로 나타났다. 여기서 2004년 2월은 한은의 기대인플레이션 조사 설문의 응답구간에 기존 설문에는 없던 '1% 미만'이 추가되는 조사 방법의 변화가 있던 달이다. 당시 기대인플레이션은 변경하기 직전 달의 기대인플레이션에 비해 큰 폭(0.8%p)으로 하락하는 등 시계열 추세에서 불연속성이 나타났다. 2008년 8월은 글로벌 금융위기가 발발하기 직전 달이다. 한편 이 기간 일반 대중을 대상으로 '보도 분량 계수가 0의 값'이라는 가설을 가지고 Wald test를 진행한 결과, t값이 −2.1817, p값이 0.0338로서 유의수준 5%에서 가설을 기각할 수 있었다.

두 집단 중 전문가 집단의 기대인플레이션이 향후 실제 인플레이션을 예측하는데 정확하므로, 미디어의 보도 분량이 늘어나면 일반인의 인플레이션 예측의 정확성이 높아진다고 해석할 수 있다. 즉, 금리 결정 보도가 늘어날수록 일반 대중의 기대인플레이션이 합리성을 띤다는 것이다.

특히 이 기간은 기준금리 인상시기(2004년 11월~2008년 8월)가 모두 포함되므로, 기준금리 인상이 일반 대중의 기대인플레이션이 과다하게 상승하는 것을 막는 것으로 해석할 수 있다. 기준금리 인상시기만을 대상으로 추정식 (10)을 회귀분석한 결과를 표 4-4의 분석결과 (3)에서 확인해 보면, 2004년 2월~2008년 8월보다 계수의 값도 더 강해지고, 유의성도 높아지는 것을 확인할 수 있다.

표 4-4 회귀분석 결과 (3)

	① 2002.2~2011.12		② 2004.2~2008.8		③ 2004.11~2008.8		④ 2009.2~2011.12	
Constant	-0.1494 (0.3084)		0.9086 (0.3124)	***	1.0475 (0.3595)	***	-2.3361 (0.8718)	**
Volume(log)	0.0019 (0.0310)		-0.0642 (0.0294)	**	-0.0872 (0.0348)	**	0.1188 (0.0730)	
Inflation(lagged)	0.0601 (0.0319)	*	-0.0443 (0.0284)		-0.0214 (0.0307)		0.4140 (0.1004)	***
Gap(lagged)	0.8804 (0.0419)	***	0.3409 (0.0809)	***	0.5202 (0.1179)	***	0.5156 (0.1125)	***
Adjusted R²	0.8709		0.3508		0.4123		0.9276	
Durbin-Watson stat	1.8442		1.6764		2.2132		1.4683	

※종속변수는 일반 대중과 전문가의 기대인플레이션 격차이다. 괄호 안은 표준오차 값을 나타내며, *, **, ***는 추정치가 10%, 5%, 1% 범위에서 유의미한 값을 갖는 것을 의미한다.

한편 글로벌 금융위기 이후의 기준금리 인상시기(2009년 2월~
2011년 12월)에 대해서 회귀분석한 결과, ④에서는 금리 결정 보도 분
량이 일반 대중과 전문가의 기대인플레이션 격차를 줄인다는 가설을
채택할 수 없었다. 이는 글로벌 금융위기 이전에는 미디어의 금리 결
정 보도 등을 매개로 일반 대중과 전문가의 기대인플레이션 격차가
줄어드는 기제가 작동했으나, 글로벌 금융위기를 거치면서 그 기제가
제대로 작동하지 않게 된 것으로 보인다. 한은이 앞으로 그 기제가
제대로 작동하도록 커뮤니케이션을 강화해야 할 지점이다.

실증분석 결과의 시사점

"인플레이션이 결정되는 데 있어 매우 중요하지만 측정하기 어려운 한 가지 요소는 일반 대중의 인플레이션 기대일 것이다."

벤 버냉키는 기대인플레이션의 중요성과 분석의 어려움에 대해서 이같이 말한 적이 있다.[22] 물가 안정이 최우선 목표 중 하나인 중앙은 행으로서는 일반 대중의 기대인플레이션을 낮춰 실제 물가상승률을 낮은 수준에서 관리하고자 한다. 그러나 일반 대중의 기대인플레이션 이 어떤 방식으로 형성되는지에 대한 분석은 그다지 많지 않다.

이 책에서는 우리나라에서 미디어의 금리 결정 보도 분량이 일반 대중의 기대인플레이션 형성에 어떤 영향을 미치는지 분석해봤다. 금 리 결정 보도 분량이 늘어나면 일반 대중에게 중앙은행의 물가 안정 의지가 명확하게 전달되고 정책방향에 대한 민간의 이해와 예측력이 높아져서 기대인플레이션을 안정적으로 유지하는 데 도움이 된다고 본다. 또 정보이론의 관점에서 볼 때 중앙은행이 통화정책 관련 정보 를 발송하는 행위는 중앙은행과 일반 대중 사이에 존재하는 정보비 대칭성 문제도 완화시킬 수 있다. 기대인플레이션이 실제 인플레이션 을 보다 잘 추정할 수 있도록 정확성을 높일 수 있다는 것이다.

---

22. Bernanke(2004)

분석 결과 글로벌 금융위기 이전의 제한된 기간(2004년 2월~ 2008년 8월) 중에는 금리 결정 보도 분량이 늘어나면 일반 대중과 전문가의 기대인플레이션 격차가 줄어드는 현상이 발견됐다. 두 집단 중 전문가 집단의 기대인플레이션이 향후 실제 인플레이션을 예측하는 데 정확하고, 이 기간이 금리 인상기(2004년 11월~2008년 8월)를 포함하고 있어, 금리 인상 보도가 늘어나면서 일반인의 인플레이션 예측의 정확성이 높아진다고 해석할 수 있다. 또 기준금리 인상기가 포함된 것으로 기준금리 인상이 일반인의 과도한 기대인플레이션 상승을 막아준다고 해석할 수도 있다고 본다.

한편 미디어의 금리 결정 보도 분량이 늘어나면 전문가의 기대인플레이션이 낮아지는 경향이 발견됐지만, 일반 대중의 기대인플레이션과는 뚜렷한 관계를 찾을 수 없었다. 다만 전문가의 기대인플레이션은 전기의 금리 결정 보도 분량이 늘어나면 기대인플레이션이 낮아지는 경향은 찾을 수 있었다. 또 일반 대중의 기대인플레이션과 전문가의 기대인플레이션 관계를 분석해보니, 둘은 양(+)의 관계를 갖고 있었다. 게다가 우리나라에서도 캐럴 교수가 가정한 것과 같이 전문가의 기대인플레이션이 일반 대중의 기대인플레이션으로 전염병이 전파되듯이 퍼진다는 가정을 해도 유효하다는 것은 분석 과정에서 확인할 수 있었다. 때문에 금리 결정 보도 분량이 늘어나는 것이 전문가의 기대인플레이션을 거쳐 일반 대중의 기대인플레이션 형성에 영향을 미친다고 추정할 수 있다.

정책적 합의로는 한은이 일반 대중의 기대 형성 과정에 영향을 미칠 수 있도록 하기 위한 커뮤니케이션을 강화할 필요가 있으며, 일반 대중의 기대인플레이션을 낮추기 위해서는 전문가들의 기대인플레이션에 영향을 미쳐야 하고 이를 위해서 미디어가 금리 결정 보도 분량을 늘리도록 커뮤니케이션을 강화할 필요성도 있다고 하겠다.

제5장

한국은행의 바람직한 미디어 커뮤니케이션 전략

CENTRAL BANK COMMUNICATION

박승 총재발(發) 'BOK 쇼크'

글로벌 금융위기 직전 금리 올린 이성태 총재

2012년 7월 '양치기 한은'이라 비난받은 김중수 총재

정부의 정책금리에 대한 의견 개진이 큰 영향

금통위원들의 침묵과 한은 총재의 한마디

한국은행은 커뮤니케이션 전략이 있어야 한다

한국은행은 될 수 있으면 미디어를 놀라게 하지 말아야 한다

한국은행 총재의 말이 '불변의 법칙'이 돼서도 안 된다

바람직한 한국은행의 미디어 커뮤니케이션

박승 총재발發 'BOK 쇼크'[1]

2005년 5월 19일, 서울 외환시장은 개장하자마자 달러 대비 원화 환율은 전날보다 5.7원 급락한 달러당 999.5원에 거래를 시작했다. 당시는 시장이 안정됐던 시기였다. 평소 원화 환율의 등락폭이 하루에 1원 안팎이었던 때였으니까 5원 이상 환율이 급락하자 시장은 패닉에 빠졌다. 이미 전날 뉴욕의 NDF(차액결제선물환, Non-Deliverable Foward) 시장에서 원화 환율은 급락한 상태였다. NDF는 원화 실물이 없지만 선물 계약 형태로 원화를 거래하고 나서, 환율 등락에 따

---

1. 이 장의 앞 3개 소절은 박승, 이성태, 김중수 한은 총재의 사례를 중심으로 기술했고 다음 5개 소절은 주제별로 사례를 분석하고 대안을 제시하는 방식으로 기술했다. 마지막 절에서 내용을 총정리했다.

라 이익과 손실이 생기면 달러로 그 차액만큼 결제하는 시장이다.

환율 급락을 불러온 것은 박승 한은 총재의 FT 인터뷰 때문이었다. FT는 18일자에서 박총재의 인터뷰 기사를 보도하면서 박총재가 "국가신인도 확보라는 측면에서는 충분한 외환보유액을 갖고 있으며 따라서 더 이상 외환보유액이 늘어나는 것을 기대하지 않는다"고 언급했고, 앞으로 외환시장에 더 이상 개입하지 않을 것임을 시사했다고 보도했다. 시장에서는 이를 한은이 "시장에 더 이상 개입하지 않는다"라는 메시지를 준 것으로 받아들였다. 특히나 FT와 같은 권위있는 신문의 인터뷰를 통해 한은 총재가 직접 밝힌 것이니 더욱 신뢰도가 높았다. 외환당국이 시장이 개입하지 않는다면 환율을 떠받칠 세력이 사라지는 것이니까 시장에서는 환율이 하락한 것이다.

한은은 FT 보도에 대해 해명자료를 내고 "시장이 불안할 경우 언제든지 필요한 조치를 취할 수 있다"고 강조, 시장 개입이 언제라도 가능하다고 했다. 또 실제 시장에서 환율이 급락하는 것을 막기 위해 갖고 있던 달러를 팔고 원화를 사들였다. 당시 시장 참가자들은 외환당국이 시장에 내다 판 물량이 10억 달러(약 1조 원)에 달한다고 추정했다.

결국 그날 원화 환율은 당국의 강력한 개입으로 전날보다 0.2원 떨어진 달러당 1,005원에 마감했다. 시장의 출렁임 때문에 하루 외환 거래액은 60억 6천만 달러로 평소 거래액 보다 50% 정도 늘어나기도 했다.

박총재의 한마디 실수가 시장에 엉뚱한 충격을 주고 비용까지 발생시킨 것이다.

당시 한은은 박총재가 실수한 것이 아니라 FT의 보도내용이 와전된 것이라고 해명했다. 그렇지만 FT가 인터넷에 올린 인터뷰 원문의 내용과 맥락을 보면 꼭 그런 것만도 아니다. 오히려 정제되지 않은 박총재의 말이 문제의 시발점이라는 것을 알 수 있다.

인터뷰 중간에 박총재가 "외환보유액이 충분하다"는 말을 하자 FT의 애나 파이필드Anna Fifield 서울특파원은 다음과 같은 질문을 던진다.

"한 가지 분명하게 해도 되나요? 현재 충분한 외환보유액을 갖고 있어 더 이상 증가시키지 않겠다고 말씀하셨는데, 이게 외환시장에 개입을 하지 않겠다는 것을 의미하나요?"

박총재는 통역을 통해 인터뷰를 하다가 이 시점에서만 영어로 "No, no, we will not be intervening(아니요, 개입을 하지 않을 겁니다.)"고 했다. 다시 통역을 통해 박총재는 "사실 한은은 외환시장에서 환율을 방어하기 위해 어떠한 개입도 하지 않습니다. 우리는 단지 스무딩 오퍼레이션(smoothing operation, 환율 급변동을 막기 위한 미세조정)을 할 뿐입니다"라고 했다. 외환보유액에 대해서는 박총재가 인터뷰 후반부에 다시 명확히 하겠다면서 설명을 한다.

"외환보유액을 늘이지 않겠다고 말했는데, 실은 우리는 외환보유액이 늘어날 것으로 기대하지 않는다는 겁니다. 우리는 외환보유액을 더 유용하게 관리하려고 노력을 하고 있고 경상수지 흑자도 줄고 있기 때문에 외환보유액이 늘어날 것으로 기대하지 않고 있습니다."

뉴질랜드 출신의 기자인 파이필드는 항상 밝고 명랑한 스타일로 세상 물정 모를 듯이 보이는 외모와 달리 외신 기자뿐만 아니라 한국 기자들 사이에서도 특종 욕심이 많은 기자로 통했다. 그 기자에게 '외환보유액이 충분하다'는 언급과 영어로 단호하게 '시장에 개입하지 않는다'는 박총재의 말은 앞으로 시장에 개입하지 않는 신호를 시사한 것으로 이해되는 게 당연한 것이라고 생각한다. 인터뷰 기회를 통해 한은의 '관점'을 시장에 알리는 것은 매우 중요하기 때문에 가능하면 많은 인터뷰 기회를 갖는 것은 통화정책의 미디어 커뮤니케이션 강화를 위해 도움이 되는 일이다. 그러나 그 인터뷰가 정제되지 않은 말을 쏟아내는 것이 되어서는 안 된다.

한은은 같은 해 2월에도 국회 업무 보고에 나온 문구 한 줄 때문에 글로벌 외환시장에 충격을 주는 'BOK 쇼크'를 주기도 했다. 2월 21일 국회와 한은 기자실에 배포된 한은의 국회 업무 보고 자료에는 '(외환보유액) 투자 대상 통화의 다변화'라는 문구가 실렸다. 이를 외신들이 보도하고, 일부 투자은행들은 외신의 보도를 받아서는 '한은이 달러를 매각하기로 했다'는 분석까지 덧붙여 일일보고서를 내면서 갑자기 글로벌 외환시장이 요동치기 시작했다. 달러화 가치가 엔화에 대해 4개월 만에 최대폭으로 떨어지는 등 폭락세를 보였다. 서울 외환시장에서는 달러 대비 원화 환율이 하루 사이에 17원 폭락하기도 했다.

이에 23일 "투자 다변화는 중장기적으로 진행될 것이며 환율에 전혀 영향이 없을 것"이라는 해명을 내놓으면서 시장이 진정됐다.

당시 박총재가 24일 국회 답변에서 "투자 통화 다변화는 그동안 기자회견이나 국정감사 등에서 계속 되풀이하던 원론적인 입장이며, 달러화 약세 때는 투자 포트폴리오를 다양화하는 것이 지극히 상식"이라고 강조하면서 시장이 지나치게 반응했다고 했다. 한은이 미처 몰랐던 것은 한은의 행보가 글로벌 외환시장에 큰 영향을 미칠 정도로 영향력이 커져 있었다는 것이다. 당시 한은의 외환보유액은 2,021억 달러로 중국, 일본, 대만에 이어 세계 4위. 게다가 외화자산을 '매입 후 보유buy and hold' 전략을 사용하는 중국, 일본 등 다른 중앙은행과 달리 한은은 글로벌 금융시장에서 외환보유액을 적극적으로 운용하고 있는 상태였다. 그래서 한은의 작은 움직임에도 글로벌 외환 시장이 출렁일 가능성이 매우 높았다.

2005년 2월 외신의 보도에 대해 즉각 대응하지 못한 것은 이런 한은의 영향력 증가에 걸맞은 미디어 커뮤니케이션 전략과 능력이 없었다는 걸 방증하는 것이다.

글로벌 금융위기 직전
금리 올린 이성태 총재

2008년 8월 7일 이성태 당시 한은 총재가 주재했던 금통위는 기준금리를 0.25%p 올린 연 5.25%로 결정했다. 그런데 이 결정은 글로벌 금융위기 와중에 계속해서 한은의 발목을 잡는 결정이 된다. 금리 인상을 결정한 지 한 달이 지난 9월 15일, 세계적인 투자은행인 리먼브러더스가 파산하면서 전 세계 금융시장이 혼란에 빠졌고, 미국 등 주요국은 금리 인하를 통해 그 사태에 대응해 나갔기 때문이다.

기획재정부는 물론이고 청와대는 이후 "한 달 앞도 예측을 못하느냐. 도대체 한은이 정신이 있는 사람들이냐"며 여론을 조성해갔고, 한은에 공격적인 금리 인하를 주문할 때마다 나오는 포인트 중 하나가 '금리 인상 실기론'이었다.

하지만 2008년 7월의 소비자물가상승률은 무려 5.9%. 고유가 탓이라고는 하지만 물가 안정을 첫번째 책무로 삼는 한은으로서는 도저히 견딜 수 없는 수준이었다는 걸 잊어서는 안 된다. 금통위는 당시 아무리 계산기를 두드려도 2.5~3.5%인 물가 안정 목표를 지키기 어렵다고 판단했고, 인플레이션 기대심리를 제어하기 위해선 금리를 올릴 수밖에 없다고 판단했던 것이다.

기준금리는 시장 상황을 보고 올릴 수도 내릴 수도 있는 것이다.

중요한 것은 중앙은행 결정에 대한 신뢰성을 잃어버리는 것이다. 여기서 이총재가 이끌었던 중앙은행의 커뮤니케이션 전략의 실패는 신뢰성을 지키지 못했다는 데서 찾을 수 있다. 경기 판단을 잘못했으면 재빨리 정책을 수정하면 된다. 금리 파급 효과는 바로 나타나는 게 아니라서 0.25%p 인상했다고 당장 세상이 무너질 일이 생기는 건 아니기 때문이다.

그렇지만 계속해서 한은은 실기를 하게 된다. 리먼브러더스 파산 사태 이후 처음 열린 10월 9일 금통위에서 0.25%p의 기준금리 인하를 결정하자, 정부는 더 큰 금리 인하를 노골적으로 요구한다. 10월 25일 서별관 회의에 이총재를 출석시키는 등 정부의 압박이 거세지는 가운데 한은은 10월 27일 임시 금통위를 열어 기준금리를 0.75%p나 내리게 된다. 서별관 회의는 주요 경제장관들이 따로 모여 현안을 논의하는 자리인데, 청와대 서별관에서 열린다고 해서 서별관 회의라고 불린다. 원래 이 회의에는 기획재정부 장관, 금융위원장, 금융감독원장, 청와대 경제수석 등이 고정 멤버인데, 리먼브러더스 파산 사태 대응과 같이 중요한 사안이 있으면 한은 총재도 불러 현안을 논의했다. 금융 위기가 왔을 때 이에 대응하기 위한 돈을 시장을 공급하는 것도 한은의 책무 중 하나이다. 그러나 기준금리 결정권을 가진 한은이 주도적으로 금리를 인하하는 모습을 보여주지 못하면서 향후 한은의 금리 결정 과정에 신뢰성을 떨어지게 만들었던 것이다.

사실 당시 기준금리를 올렸던 것은 한은만은 아니다. 2008년 들어 고유가로 인해 소비자물가상승률이 높아지면서 주요국 중앙은행은 금리를 올려 대응하기 시작했다. 2007년 4분기부터 물가 오름세가 확대되던 유럽지역에서는 2008년 상반기 소비자물가가 1999년 이후 최고치인 3.5%를 기록하자 ECB가 7월 기준금리를 0.25%p 인상했다. 장 클로드 트리셰 ECB 총재는 당시 "유로지역 일부 국가에서 1970년대와 같은 물가와 임금 상승의 악순환이 나타날 징후가 보인다"고 지적하면서 "각국 정부가 임금인상 억제에 노력할 것"을 촉구하기도 했다. 또 2%였던 ECB의 물가 안정 목표를 0~3%로 바꾸자는 논의가 EU 의회에서 나오기도 했다. 유로지역은 아니지만 스웨덴 중앙은행이 2008년 2월과 7월 두 차례에 걸려 금리를 0.5%p 인상했고, 노르웨이, 덴마크 등 유럽의 12개 중앙은행이 2008년에 기준금리를 올렸다. 심지어 금융위기 징후로 2008년 두 차례 금리를 내렸던 잉글랜드은행의 머빈 킹 총재마저 "물가와 임금이 상승하는 악순환이 발생하면 기준금리 인상이 불가피하다"는 서한을 재무부 장관에게 보내기도 했다. 이런 당시 상황을 본다면 2008년 8월 한은의 금리 인상은 어쩌면 때늦은 조치였는지도 모른다. 9월에 리먼브러더스 파산 사태가 일어날 것이라고 사전에 대비하지 못했던 것은 정부도 마찬가지였다. 또 그 충격이 얼마나 클지 당시에는 가늠하기 힘든 것도 사실이었다.

이총재는 이에 대해 한 언론과 인터뷰에서 다음과 같이 말했다.

"리먼브러더스 사태가 터졌던 2008년 9~10월 초기 단계에서 상황의 깊이나 충격의 크기를 판단하는 데 시간이 조금 필요했다. 당시 대응의 속도나 크기를 두고 여러 가지 평가를 할 수 있겠지만, 지금까지의 경과로 보면 그런대로 나쁘지 않은 성과를 거뒀다."

그렇지만 커뮤니케이션 실패로 인해 정부의 정책 공격에 제대로 대응하지 못했고 한은의 신뢰성에 금이 가게 만들었다는 비난은 피하기 어려울 것이다.

이총재는 글로벌 금융위기의 충격에서 서서히 벗어나던 2009년 하반기부터 금리 인상을 시사하는 발언을 쏟아낸다. 그러나 2010년 3월 퇴임할 때까지 금리 인상을 단행하지는 못한다. 2006년과 2007년 부동산 시장이 달아올랐을 때 매년 각각 두 차례씩 금리를 올려 '인플레이션 파이터'의 면모를 보여줬던 것과는 많이 달라진 모습을 보여줬던 것이다.

이총재는 중앙은행의 커뮤니케이션에 대해 어떤 생각을 갖고 있었을까? 이총재는 2009년 신년사에서 "통화정책 방향 의결문 등을 통한 커뮤니케이션을 강화해서 정책의 예측 가능성과 투명성을 더욱 높여 나가야 할 것이다"고 언급한 적이 있다. 그리고 부총재 시절이던 2006년 2월 '통화정책을 위한 커뮤니케이션 전략'이라는 워크숍에서 개회사를 통해 커뮤니케이션 전략에 대한 시각을 밝힌 바 있다. 이총재는 "금융시장이 양적, 질적으로 발달하면서 중앙은행이 과거처럼 일방적으로 시장을 리드하기 어렵게 됐기 때문에 '시장에 충격을 주는 방식'보다는 '더 많은 정보를 제공함으로써 불확실성을 줄이고 시장 효율성을 높이는 방식'이 우월하다는 인식의 전환이 이뤄졌다"고 했다. 또 "중앙은행의 독립성이 강화되면서 그에 따른 민주적 책임성도 강조됐다"고 설명했다. 이에 "한은도 1990년대 말 이후 물가 안정 목표제를 도입하고 독립성을 강화하면서 커뮤니케이션의 중요성이 높아졌고, 금융시장과 일반 국민의 기대를 관리하고 통화정책의 투명성을 제고하기 위한 커뮤니케이션을 강화하고 있다"고 밝혔다.

2012년 7월 '양치기 한은'이라 비난받은 김중수 총재

2012년 7월 12일 김중수 총재가 주재하던 금통위는 기준금리를 연 3.25%에서 연 3%로 0.25%p 인하했다. 13개월 전에 기준금리를 연 0.25%p 올린 후에 처음으로 기준금리에 변화를 준 것이다. 금리 인하는 시장의 환영을 받는 조치다. 그런데 이날은 채권 시장에서 불만이 터져나왔다. 시장에 예상치 못한 금리 결정으로 충격을 줬다는 이유였다. 이날 시장에서 3년 만기 국고채금리는 하루 만에 0.22%p 급락했다. 갑자기 금리를 내려 채권값이 올라 버리자 그동안 충분하게 채권을 사 놓지 않았던 기관 투자자들이 급히 채권 '사자'는 주문을 내면서 채권 가격과 반대로 움직이는 금리는 급락해버린 것이다.

당시 시장에서는 한은이 커뮤니케이션에 실패했다는 비난이 쏟아져 나왔다. '양치기 한은의 결말(우리투자증권)' '총재의 변명—선제적 대응이라고(?) 주장하는 금통위(신한금융투자)' '화끈한 비둘기 본색(삼성증권)' '경기부양으로 선회, 무색해진 금리 정상화(HMC투자증권)' '인하 때만 용감한 녀석들(유진투자선물)' 등 증권사 보고서는 당시의 충격을 반영했다.

7월 금융투자협회 설문에서는 93%의 채권시장 전문가가 '동결'을 예상했고, 로이터통신의 설문조사에서는 26명의 이코노미스트 중 3명만이 금리 인하를 예상했다.

이에 앞서 김총재는 5월까지 기자 간담회에서 '금리 정상화' 의지를 언급했었고, 동결을 결정했던 6월 간담회에서는 "토론 과정에서 금리를 인상하자 또는 인하하자 이런 형태의 논의는 없었다"고 해서 시장의 금리 인하 기대감을 불식시켰다. 한은에서는 이를 두고 "6월 금리 동결을 만장일치로 의결했지만, 여러 가능성에 대한 후속 대안을 논의했다고 밝히는 등 금리 인하 신호를 충분히 제공했다"고 설명하기도 했다. 하지만 시장 참가자들은 "금리 인하 가능성을 일부 열어뒀다고 해서 다음달의 금리 인하를 시사했다고 보기는 힘들다"며 "다양한 대안을 논의하고 있다는 언급이 금리 인하 신호라고 보기는 더더욱 어렵다"고 했다. 또 "기자 간담회에서 총재의 답변은 고려 및 분석의 대상으로서 실효성이 떨어지게 됐다"는 비판까지 나왔다.

금리 결정에 대해 반드시 사전에 신호를 줄 필요는 없다고 할 것이나, 시장의 기대를 '금리 정상화(금리 인상)' 쪽으로 형성시킨 후에 갑자기 금리 인하를 결정하는 것은 커뮤니케이션의 정도正道는 아니라고 할 것이다.

금통위 내에서도 7월의 금리 인하를 가지고 시장과 소통하는 과정에 문제가 있었다는 지적이 나왔다. 8월 금통위 의사록을 보면 일부 위원은 "지난달 기준금리 인하가 경제전망 수정 발표와 맞물리면서 국내 경제가 급속하게 하강하고 있다는 신호를 전달함으로써 오히려 경제주체의 심리 위축을 초래한 측면이 있는 점, 금리 인하 기조로 전환하는 과정에서 시장과의 정밀한 사전교감이 충분치 않았다는 점 등을 감안할 때 결국, 지난달 기준금리 인하는 통화정책의 실질적인 경기방어 효과는 작았던 반면 정책 여력만 소진한 것이 아닌지 우려된다"는 견해를 밝혔다. 이에 이 위원은 "앞으로 저성장 기조가 장기간 계속될 것이란 전제 하에 금리 조정의 폭과 속도, 효율적인 커뮤니케이션 전략 등에 대해 면밀한 사전검토가 있어야 할 것"이라고 언급했다.

또 다른 위원은 "이번달(8월)에는 기준금리를 결정하는 데 있어 지난달 통화정책 방향 결정 이후 시장에서 나타난 일부 부작용들과 최근 논란이 되고 있는 주요 이슈들을 고려할 필요가 있다"며 "국내외 경제주체들의 불안심리가 경기회복과 금융시장 안정에 가장 큰 제약요인으로 작용하고 있는 점을 감안하여 향후 경제전망치 발표나 기준금리 조정은 시장 심리를 안정시키는 데 중점을 둬야 하겠다"고 말했다.

김총재는 시장의 예상과 어긋난 기준금리 결정을 비교적 많이 했었다. 그래서 시장에선 '불통'이라는 이미지가 강하지만 실은 중앙은행 커뮤니케이션의 중요성을 역설하는 편이다. 2012년 신년사에서 김총재는 "중앙은행이 할 수 있는 일과 할 수 없는 일들에 대하여, 또한 급변하는 국제금융 환경에서 통화신용정책이 동원할 수 있는 정책 수단과 그 효과에 대해서 각 경제주체들에게 투명하고 소상하게 설명하는 소통의 노력의 중요성을 우리 모두 심각하게 느꼈을 것이다"라며 "커뮤니케이션을 담당하는 부서를 설립하겠다"고 밝혔다. 그후 조직개편을 통해 커뮤니케이션국을 신설했다. 같은 해 12월 말 결정된 '2013년 통화신용정책 운용 방향'에서는 '금융시장 참가자 및 일반 국민과의 통화정책 커뮤니케이션을 확대한다'는 항목이 들어갔다. 구체적으론 "통화정책 방향 의결문의 기술 내용을 지속적으로 개선하고, 통화신용정책 보고서의 정책 시그널링 효과를 강화할 수 있도록 정책 결정 배경, 향후 정책 방향 등에 관한 내용을 확충한다"는 내용이 들어갔다.

2013년 신년사에서 김총재는 "중앙은행의 정책 결정 과정과 관련된 커뮤니케이션 정책은 아직 정책금리조절 여력이 있는 중앙은행들에게도 매우 중요한 사안이며, 중앙은행의 정책 결정 과정에 대한 투명성 관련 논의에 있어서도 발상의 전환을 초래했다고 판단한다"며 "투명성은 불확실성을 낮추는 장점이 있는 것으로 간주되며, 명료성 preciseness과 조건화conditionality로 대변된다고 할 수 있다"고 말했다.

그럼에도 김총재의 커뮤니케이션 전략을 둘러싸곤 여전히 논란이 많다. '불통의 리더십'이라는 지적이 나올 정도로 소통과는 거리가 먼 이미지가 형성돼 있기 때문이다. 2013년 초에는 엔저抵로 인해 국내 수출 기업들의 경쟁력이 악화될 우려가 높아지자 시장에선 엔화 가치가 떨어지고 원화 가치가 오르는 것에 대응하기 위해 한은이 금리를 내릴 것이란 전망이 확산됐다. 1월 11일 열린 금통위 의사록에 따르면 한 금통위원은 "시장 일각에서 원화 절상에 대해 금리 인하 주장을 지속하고 있는 것은 커뮤니케이션이 원활하지 못하기 때문"이라며 "그동안 많은 정량적 분석 결과 내외 금리차가 자본 이동을 통해 환율에 미치는 영향이 명확하지 않으므로 그에 대해 적극적으로 설명해 나가야 한다"고 주문했다. 현재 금통위의 대외 창구는 김총재로 단일화돼 있기 때문에 김총재에 대한 주문이라고도 해석할 수 있다. 그렇지만 김총재는 1월 14일 외신기자클럽 간담회에서 "큰 폭의 엔화 가치 하락 등으로 환율 변동성이 확대되면 스무딩 오퍼레이션, 외환 건전성 조치 등으로 적극 대응할 것"이라고 밝혔다. 그러자 시장 참가 자들 사이에서는 엔저에 대응하기 위해 한은이 금리를 내릴 것이란 전망이 더욱 확산됐다.

정부의 정책금리에 대한
의견 개진이 큰 영향

2013년 3월 28일 정부는 박근혜 대통령 주재로 경제정책 점검 회의를 열고 올해 경제성장률 전망치를 종전 3%에서 2.3%로 대폭 낮추는 내용을 골자로 한 '2013년 경제정책 방향'을 마련했다. 이에 앞서 현오석 경제부총리는 3월 25일 취임 첫 기자회견에서 "정책 패키지에는 금융 부문이 포함돼야 한다. 여기에는 금리도 있고 수출 경쟁력을 위한 금융 지원도 있다"고 말했다. 현부총리는 3월 13일 인사청문회에서 "기본적으로 금리는 금통위가 결정하지만 어느 정도 회복 정책은 필요하다고 본다"며 금리 인하 필요성을 시사했다.

이 같은 정부의 정책 금리 인하 필요성에 대한 언급과 경제성장률 전망을 대폭 낮춘 사실이 결합되면서 시장에선 금통위가 기준금리가 내릴 것이란 기대감이 높아졌다. 그래서 3월 28일 시장의 대표금리인 3년 만기 국고채금리는 전날보다 무려 0.13%p 떨어진 연 2.45%에 마감했다. 시장에서 채권 금리는 통상 0.01~0.03%p 정도 움직이기 때문에 0.13%p 하락은 상당히 큰 폭이다. 더구나 시장금리 수준도 한은의 기준금리(당시 연 2.75%)보다 0.3%p 낮은 것이었다. 보통 3년 만기 국고채금리는 기준금리보다 0.4%p보다 높다는 것을 감안하면 평소보다 0.7%p 정도 낮은 것이다. 이는 한은이 기준금리를 두 차례 이상 내린다는 기대감이 반영된 수준이라고 보면 된다.

정부의 성장률 전망 수정과 기존에 했던 기존금리 인하 요구가 결합되면서 마치 기준금리를 인하한 것과 같은 효과를 준 것이다.

이처럼 정부의 기준금리에 대한 언급 등도 시장의 기대에 영향을 준다. 이는 통화정책의 커뮤니케이션이 한은만의 독자적인 결정으로 완결될 수 없다는 것을 시사한다.

배상근 한국경제연구원 박사는 2005년 '정책금리에 대한 의견 개진의 효과 분석'이란 연구 보고서[2]에서 1998년 4월~2004년 12월 금통위의 공식 발표와 정부와 한은의 비공식적인 의견 개진이 금융시장에 미치는 영향에 대해서 분석했다. 분석 결과 금리 정책과 관련된 한은이나 정부의 의견 개진이 물가보다는 경기에 관련된 것일 때 금융시장이 더 민감하게 반응했으며, 한은이나 정부의 정책금리 인상(또는 인하) 발언을 한 시점 부근에서 금통위의 정책금리가 공식적으로 인상(인하)되는 경향이 나타나는 것을 발견했다. 박승 총재의 경우에는 총재가 발송한 정책 신호의 통화정책 방향과 금통위의 공식적인 발표가 어긋나는 경우가 있었는데, 이 경우 시장의 기대 형성에 오히려 혼란을 주고 한은에 대한 신뢰성이 훼손됐을 가능성을 제기했다.

한편 정부의 정책금리에 대한 의견 개진에 따른 주가의 누적 변동폭이 금통위가 공식적으로 금리 결정을 공식 발표했을 때와 유사

---

2. 배상근, '정책금리에 대한 의견 개진의 효과 분석', 한국경제연구원, 2005.

했고, 한은의 비공식적인 의견 개진에 비해서 정부의 의견 개진이 통계적으로 유의하게 누적 변동폭을 크게 했음을 발견했다. 장, 단기 이자율의 경우에는 금통위의 공식 발표와 한은과 정부의 비공식적인 의견 개진 사이에 영향력의 차이가 거의 없었다. 반면 초단기금리인 콜금리의 경우에는 금통위의 공식 발표의 영향력이 가장 컸다. 종합해보면 시장참가자들은 정부의 의견 개진을 신뢰한다는 결론을 얻을 수 있었다. 재정경제부 장관들은 정책 신호 발송 성향의 차이가 있었다. 김진표, 인헌재, 전윤철 장관 등은 상대적으로 적극적인 정책 신호 발송을 선호했는데, 강봉균, 진념, 이규성 장관 등은 선호하지 않았다.

배박사는 연구를 정리하면서 다음과 같은 정책적 시사점을 제시했다. 첫째, 중앙은행의 독립성과 신뢰성을 제고해서 통화정책의 유효성을 강화하기 위해서는 정부의 무분별한 정책 신호 발송은 지양돼야 한다. 둘째, 한은도 비공식적인 정책 신호와 금통위의 공식 발표가 다를 경우 한은의 신뢰성이 낮아져서 통화정책의 유효성도 악화될 것이다. 셋째, 우리나라 통화정책 운영 체계에 대한 신중한 검토가 필요하다는 것인데, 한은의 통화정책 목표가 물가 안정에 있음에도 불구하고 물가 안정보다는 경기 변동에 초점을 맞춰 한은과 정부가 정책금리에 대한 의견을 빈번하게 개진한다는 것은 물가 안정 목표제와 어긋난다는 것이다. 배박사는 이렇게 의견 개진의 초점을 경기 상황에 계속해서 맞출 것이라면 아예 물가 안정 목표제를 포기

하고 미국과 같이 물가와 성장(고용)을 함께 고려하도록 통화정책의 목표를 재정립할 필요가 있다고 지적했다.

한편 한은의 김양우, 강태수는 2002년 정부의 금리발언이 금융시장의 불안을 부추긴다는 연구 보고서[3]를 한국금융학회 정기학술대회에서 발표했다. 이들은 1998년 4월~2001년 11월까지 나온 30차례의 정부 관계자들의 금리 관련 발언이 나온 후에 이틀간 시장금리는 평균 0.18~0.19%p 움직여 시장에 미치는 영향이 한은 발언(0.12%p)에 비해 커서 금융시장의 불안정성을 키운다고 주장했다. 또 정부 관계자들의 발언 강도가 강할수록 경기가 나쁜데도 물가가 크게 오르는 등의 역효과를 낸 것으로 분석했다.

우리나라의 통화정책 커뮤니케이션에 있어서는 금통위와 한은 총재들의 커뮤니케이션도 중요하지만, 정부 인사들의 통화정책과 관련한 의견 개진도 일반 국민과 시장의 기대 형성에 상당한 영향력을 미치기 때문에 이것도 중요한 고려 사항이 될 수밖에 없다. 우리나라의 경우에는 한국은행법에 의해 금리 결정이 전적으로 금통위에 맡겨져 있음에도 불구하고 정부의 의견 개진이 상당한 영향력을 갖고 있다는 것은 현실적으로 일반 국민과 시장은 금리 결정에 있어 정부의 입김이 상당한 영향력이 있다고 생각하고 있는 것이다. 이런 현실적인 상황 속에서 정부와 한은이 발송하는 신호가 어긋난다면 시장에

---

3. 김양우·강태수, 『통화정책 신호효과의 유효성』, 한국금융학회, 2002.

혼란만 가중하게 될 것이다. 무조건 정부 인사들의 의견 개진을 막는 것도 경제정책 입안자들 사이에서, 더군다나 한은 위상에 대한 합의가 이뤄져 있지 않은 상황에서는 현실적으로 불가능하다. 때문에 정부와 한은은 통화정책에 관한 커뮤니케이션을 사전에 논의하는 모임을 만드는 등 이런 문제를 해결할 방안을 고심할 필요가 있다.

금통위원들의 침묵과 한은 총재의 한마디

한은은 금통위가 끝난 지 2주가 지나면 금통위 회의록을 홈페이지를 통해서 공개하고 있다. 예전에 6주 후에 공개하던 것을 2012년 8월부터 일정을 앞당겨 2주 후에 공개하는 것인데, 이렇게 함으로 해서 한 달 간격으로 열리는 다음번 금통위 전에 바로 앞서 열렸던 금통위의 내용을 알 수 있다. 시장 참가자들은 바로 직전 금통위 의사록을 분석해서 통화정책 방향을 예측할 수 있는 것이다.

의사록을 보면 일자와 장소가 나오고 참석자들이 열거된다. 그후 의결한 통화정책 방향이 나온다. 서두에 해당하는 일자, 장소, 참석자, 통화정책 방향은 한 페이지 정도에 불과하고, 뒤이어 나오는 30페이지 가까운 내용은 위원들 사이의 토론 내용으로 채워진다. 마지막으로 한은 집행부의 보고 내용이 별첨 자료로 붙여진다. 그런데 금통위원들의 토의 내용을 보면 주어가 '일부 위원' '다른 일부 위원' '또 다른 일부 위원' 등으로 익명으로 돼있다. 다만 통화정책 결정에 반대하는 경우에는 실명으로 기록한다. 2013년 3월 금통위 의사록의 경우 '다만, 하성근 위원은 한은 기준금리를 현 수준에서 유지하는 것에 대해 명백히 반대의사를 표시하고 0.25%p 인하할 것을 주장하였음'이라고 표기돼 있다.

이런 방식으로 기술하다 보니 어떤 금통위원이 무슨 내용으로 발언을 했는지 알 수 있는 방법이 없다. 추정을 할 수도 있겠으나, 금통위원들이 외부에서 강연이나 간담회 등을 통해 자기 의견을 개진하는 경우가 거의 없기 때문에 추정을 할 수 있는 근거가 희박하다. 그래서 갑자기 금통위원들이 입장을 바꿀 수 있는 여지가 많다. 예컨대 2012년 6월 8일 열린 금통위에서는 만장일치로 금리를 동결하기로 결정했다. 그런데 한 달 후인 같은 해 7월 12일 열린 금통위에서는 7명의 금통위원 중 6명이 금리를 0.25%p 내리는 데 동의했다. 임승태 위원만 인하에 반대 의사를 표명하고 동결을 주장했다. 한 달 사이에 크게 경제 상황이 변한 것은 없다. 다만 한은이 경제 전망을 3.5%에서 3.0%로 대폭 낮춘 것이 상황이 바뀌었다고 보는 근거였다. 그나마도 경제 전망을 일반 대중과 시장에게 공개한 시점은 금통위가 끝난 후였다. 금통위원들은 수시로 경제 상황을 모니터링하면서 금리를 결정할 책무가 있다. 그런데 한 달 만에 경제 전망을 대폭 바꾸면서도 사전에 그런 논의를 공개하지 않는 것은 시장에 불통 이미지를 주기에 충분하다. 2013년 1월에는 한은이 그 해의 경제 성장률 전망을 기존의 3.2%에서 2.8%로 낮췄는데도, 금리 인하를 주장한 금통위원은 하성근 위원밖에 없었다. 이런 식의 의견 공개라면 시장 참가자들이 금통위 의사록을 신뢰하기 어렵다. 언제 바뀔지 모르는 의견들을 책임감 없이 발언했을 수도 있기 때문이다.

그렇지만 한은 총재는 금통위 직후 기자회견을 열어 자신의 의견을 자유롭게 개진하는 경향이 있다. 박승 전 총재는 기자회견 내용과 나중에 공개된 금통위에서 논의된 내용에 차이가 있어 구설수에 오르기도 했다.

FOMC의 경우에도 의사록은 발언 내용을 익명으로 공개하고 있다. 하지만 FOMC의 멤버들인 지역 연방은행 총재들과 연준의 집행 간부들이 강연이나 간담회를 통해 수시로 자신의 견해를 공개적으로 밝히고 있기 때문에 사실상 누가 무슨 발언을 했는지 알 수 있다. 이런 방식의 경우에는 서로 다른 의견을 개진해서 시장에 혼선을 주기도 하지만 각 위원의 성향을 명확하게 판단할 수 있어 전문가들은 내부의 이견을 분석해서 향후 통화정책 방향을 보다 명확하게 파악할 수 있는 장점이 있다.

ECB의 경우에는 정책위원회의 구성이 각국 중앙은행 총재들이어서 만약 의사록이 공개되는 경우, 각국 정치권의 압력을 받을 것을 우려해 30년 동안 의사록을 비공개로 유지하고 있다. 그리고 정책위원회의 녹취록도 보관하지 않고 있다. 다만 정책위원회가 끝난 후 기자회견에서 ECB 총재가 충분하게 회의 내용을 소개하는 것을 원칙으로 하고 있고, 각국 총재와 ECB 고위직들은 각종 강연을 통해서 의견도 개진하고 있다.

한편 뉴질랜드와 캐나다는 총재 한 사람이 전적으로 기준금리 수준 결정에 책임을 지고 있다. 이들은 집행 간부로 구성된 내부 위원회를 구성해서 총재를 보좌하지만, 총재가 그 위원회 결정에 대한 거부권을 갖고 있기 때문에 '단독 결정권자 모델single decision maker model'이라고 설명한다.

각국마다 위원회를 운영할 것인지, 또 어떻게 운영할 것인지에 대해서는 다른 정책을 가질 수 있다. 그렇지만 핵심은 그런 운영을 통해서 중앙은행의 투명성을 강화하고 그에 따른 일반 대중과 시장의 예측력을 강화해 통화정책의 효과를 높이는 것이다. 그런 의미에서 우리나라에서 금통위원들은 침묵에서 벗어나야 한다고 생각한다. 금통위 회의를 통해서 충분히 공감대를 형성했다면 수시로 강연과 기자 간담회를 통해 자신의 의견을 개진해야 한다. 경제를 보는 눈이 한 가지만 있을 수는 없다. 금통위가 끝난 후 기자회견에서 밝히는 총재의 한마디가 현재 마치 금통위를 대표하는 듯이 돼 있지만, 총재 한마디만이 '금과옥조'가 된다면 통화정책의 유연성이 없어질 우려가 있다.

한국은행은
커뮤니케이션 전략이 있어야 한다

1990년대 이후 주요국 중앙은행들의 커뮤니케이션 방향을 보면, 점점 더 분명하고 투명하게 커뮤니케이션하는 쪽으로 움직이고 있다. 우리나라도 그 조류에 따라서 한은의 커뮤니케이션은 공개하는 정보의 양을 늘리고, 금리 결정을 위한 금통위의 토론 내용 공개의 시점을 앞당기는 등의 노력을 하고 있다.

한은의 커뮤니케이션이 과거에 비해 진전하고 있는 것은 사실이나, 여전히 갈 길이 먼 것도 사실이다. 분명하고 투명하게 하려면 우선 중앙은행이 일반 대중과 시중에 발송하는 통화정책의 신호에 혼선이 적어야 한다. 앞에서 박승, 이성태, 김중수 총재의 몇 가지 커뮤니케이션 실패 사례를 살펴봤지만 이들은 전략적인 고려 없이 임기응변식으로 대응하다 보니 혼선을 빚은 것이 대부분이다. 정부 인사의 의견 개진에 대한 반응도 마찬가지다.

한은에 장기적인 안목에서 내다보는 커뮤니케이션 전략이 없다는 지적이 나오고 있는 것은 총재의 일관되지 못했던 발언들과 관련이 있어 보인다. 예컨대 김총재는 2010년 3월 내정자 시절 '한은도 정부다'라는 발언으로 성장 정책에 적극 협조하려는 모습을 보였다. 그렇지만 2011년 8월 소비자물가가 4.7%까지 치솟는 와중에는 뒤늦게 '인플레이션 파이터'로 입장을 바꾼 듯한 모습을 보이면서 기준금리 인상을 주도했다. 그러다 2012년 7월에는 경기 침체를 걱정하며 전격적으로 금리를 내리면서 '성장 지킴이'로 되돌아 왔다. 2013년에는 신년사에서 학계에서 명목 GDP를 정책 목표로 삼아야 한다는 의견이 나오고 있다는 것을 소개하면서 '성장'에 방점을 두는 듯 하다가 각종 간담회에서 '저금리 장기화 폐해'를 지적하는 외국의 목소리를 소개하는 등 종잡기 어려운 모습을 보이고 있다.

하루하루 한은의 움직임에 촉각을 세우는 시장 참가자들은 물론이고 가끔씩 미디어를 통해 한은 뉴스를 접하는 일반 대중으로서도 한은의 모습에서 일관된 메시지를 찾기 어렵다. 이렇게 해서는 기대 형성에 영향을 미치기가 어렵다. 연준이 글로벌 금융위기 이후 '에반스 룰' 등을 제시하고 고용을 중시한다는 메시지를 보내면서도 2%라는 물가 목표를 공개적으로 제시한 이유는 무엇일까? 수십 년간 만들어온 '인플레이션 파이터'의 이미지를 깨서 나중에 경기가 회복되었을 때 중앙은행의 신뢰를 잃어버리는 것을 두려워했기 때문이다. 그런데 우리나라의 경우 중앙은행이 '인플레이션 파이터'의 이미지보다는 아직 '재무부(정부)의 남대문 출장소'라는 이미지가 강하다. 그런 상황에서 '인플레이션 파이터'라는 이미지를 어렵게 구축해 가고 있다.

물가 안정이라는 책무를 한국은행법에 의해 부여받고 있는 한은이 과연 경기 침체 상황에서는 어떻게 '인플레이션 파이터' 이미지를 깨지 않으면서 경기 부양에 동참할 수 있을지 전략이 필요하다. 오늘은 이 말, 내일은 저 말을 한다면 '양치기'라는 이미지가 형성될 우려가 있다.

한국은행은 될 수 있으면 미디어를 놀라게 하지 말아야 한다

2013년 4월 11일, 김중수 총재가 이끄는 금통위는 기준금리를 기존과 같은 연 2.75%로 동결하기로 결정했다. 그런데 며칠 전 금융투자협회가 채권 전문가 200여명을 대상으로 한 설문조사에서 응답자의 57.9%가 '한은이 기준금리를 내릴 것으로 전망한다'고 대답했다. 시장의 기대와는 거꾸로 한은이 금리 동결을 결정한 것이다. 이에 따라 시장이 '충격효과'를 받았다. 하루 사이에 시장의 대표금리인 3년만기 국고채금리는 0.15%p가 상승했다. 마치 금리 인상을 발표한 것과 같은 효과를 나타낸 것이다. 흥미로운 것은 미디어들이 김총재에 대해 부정적인 기사를 쏟아내기 시작했다는 것이다.

헬게 베르게 베를린자유대 교수 등이 ECB의 금리 결정이 미디어 보도에 미치는 영향에 대해 연구[4]한 결과에 따르면 만약 금리 결정이 시장에 충격효과를 주는 경우 언론의 보도 태도는 일반적으로 좀 더

---

4. Berger et al.(2006)

부정적이 된다고 한다. 우리나라에서 이런 인과관계에 대한 계량 분석은 없지만 2013년 4월의 금리 결정 결과를 볼 때 이와 비슷한 인과관계가 있을 것으로 추정된다.

특히 김총재가 이끄는 금통위는 전임 총재 재임 때보다 상대적으로 시장을 놀라게 하는 결정을 많이 했다. 2010년 4월부터 2013년 4월까지를 대상으로 분석해보면 40회의 금리 결정 중에서 9회(22.5%)가 충격적인 조치였다. 반면, 방현철과 하준경 한양대 교수의 연구결과[5]에 따르면 2002년 4월~2006년 3월 재임한 박승 총재와 2006년 4월~2010년 3월 재임한 이성태 총재의 경우 동일하게 48개월의 재임 기간 중 6차례(12.5%)가 충격적인 조치였다. 비율만 따지면 김중수 총재가 이전에 비해 거의 두 배나 충격적인 조치가 많은 것이다. 특히 김총재의 경우 충격적 동결이 5회에 달했다.

이렇게 시장에 충격을 주는 것은 금융시장에 변동성을 키우고, 미디어에 부정적인 기사가 늘어나게 만들고, 결국 중앙은행의 신뢰성 훼손으로 이어진다. 통상 미디어에 부정적인 기사가 나오면 부정적인 기사 보도를 선호하는 미디어의 속성으로 그 원인을 돌린다. 그러나 중앙은행의 부적절한 커뮤니케이션이 미디어의 부정적인 보도의 원인 제공 요인이 돼서는 안 된다.

일반 국민과 시장의 기대를 적절하게 가이드 한다는 것은 충격

---

5. 방현철·하준경(2013)

효과를 추구하지 않는 것이라고 하겠다. 한은 총재의 경우 매달 금통위 직후에 기자회견을 열어 미디어와 정기적으로 만날 수 있어 커뮤니케이션 전략을 펴는 데 이점을 갖고 있다. 또 각종 간담회의 모두 발언이 미디어에게 공개되고, 각종 강연을 통해서도 미디어를 접할 수 있다. 만약 시장이 중앙은행의 전략과 다른 방향으로 움직인다면 사전에 적절한 경고를 주는 방식으로 시장을 유도할 수 있을 것이다. 정부와 한은이 서로 다른 신호를 주지 않도록 사전에 조율하는 것도 필요하다. 이 때 정부와 한은이 경기 전망과 금리 방향에 대해 이견이 있다면 무조건 한목소리로 합의될 때까지 기다리기보다는 이견이 있다는 것을 분명하게 밝혀주는 것도 한 방법이다. 기준금리의 최종 결정권자가 한은 금통위라는 걸 분명하게 한다면 정부와 한은 사이에 이견이 있다는 것이 커뮤니케이션에 방해가 되지 않을 것이다. 그러나 정부가 제시하는 금리 방향에 결국 한은이 따라가는 모습을 보였다면 정부와 한은 사이에 존재하는 이견은 일반 대중과 시장을 헷갈리게 할 것이다. 결론적으로 한은의 의지대로 될지 정부의 의지대로 될지 불확실하기 때문이다.

또 일반 대중과 시장에 보내는 신호는 분명해야 한다. 시장이 한은의 뜻과 다르게 움직이고 있는데 뒤늦게 "신호를 줬는데, 시장 참가자들이 못 알아들었다"라고 하는 것은 변명이 되지 않는다. 누구나 인정하지 않는 신호라면 신호로서의 의미가 없기 때문이다. 2013년 4월 11일의 충격적인 금리 동결 전에 이미 연초부터 시장금리가 기준금리를 하회하는 일이 벌어졌다. 그렇지만 한은은 그것에 대한 경고를 명확하게 하지 않았다. 그래서 시장에 충격을 주게 된 것이다.

한은 총재가 일반 대중과 시장에 분명한 신호를 보내지 못하는 이유는 명약관화明若觀火하다. 자신의 분석에 자신감이 없기 때문에 혹시 틀릴까봐 그러는 것이고, 어떤 정도로 분명하게 신호를 보낼지에 대한 부분에서 커뮤니케이션 전략이 없기 때문이다.

한은의 미디어 커뮤니케이션에 있어 총재의 역할과 전략이 매우 중요하다. 그렇지만 많은 경우 그러한 인식이 불충분해 보인다. A한은 총재의 일화다. 한번은 총재가 한은 간부들을 모아 놓고 중앙일간지의 편집국장까지 지낸 언론인 B씨를 초청해 '미디어에 대한 대응 전략'을 강연해달라고 부탁한 적이 있다고 한다. 오찬을 겸한 자리였는데, 점심식사가 시작하고 10분쯤 지나자 총재가 선약이 있다며 자리를 떴다고 한다. 그러나 B씨가 간부들에게 "언론에 대해서 뭘 대응한다는 건지 모르겠다. 솔직하게 얘기하고 이해를 구하면 되는데"라며 "이건 총재가 들어야 할 얘기인데"라고 했다고 한다. 총재가 가장 먼저 언론을 이해해야 제대로 된 미디어 커뮤니케이션이 가능하다는 얘기다. 기자들이 가장 원하는 것은 술 사주고 밥 사주는 게 아니라 기사화할 수 있는 정보를 주고 현안에 대해 충분하게 설명해주는 것이다. 기자가 가장 원하는 것이 무엇인지 모를 때 '내가 평소에 잘 해줬는데, 왜 내가 원하는 방향으로 기사가 나가지 않지'라는 엉뚱한 의심을 가지게 되는 것이다.

모호한 말투로 유명한 앨런 그린스펀 전 연준 의장도 기자들에게
는 연준 정책을 명확하게 설명하기 위해 노력했다고 한다. 그린스펀
의 자서전인『격동의 시대』를 보면 다음과 같은 얘기가 나온다.

"보도를 전제로 하는 인터뷰 요청을 피하는 게 내 관행이었지만, 진지
한 기자들은 언제나 환영이었다. 누군가가 전화를 걸어 중요한 일에
대한 질문을 하면, 나는 기꺼이 시간을 내어 비공개로 만나 충분히
설명해주고는 했다."[6]

그러나 한은 총재들은 기자들을 피하는 것을 가장 최우선 과제
로 하고 있는 것 같다는 지적들이 있다. 중앙은행과 일반 대중과의
소통을 매개하는 사람들이 기자라고 할 때 기자를 멀리해서는 효율
적인 커뮤니케이션이 불가능할 것이다. 중앙은행은 일반 대중과 시장
을 놀라게 하지 말 것이며, 그렇게 하기 위해서는 일선 기자들을 놀라
게 하지 말아야 할 것이다.

---

6. 앨런 그린스펀, 현대경제연구원 옮김, 『격동의 시대』, 2007, p. 294.

한국은행 총재의 말이
'불변의 법칙'이 돼서도 안 된다

한은 총재의 말이 '양치기 소년'의 말처럼 시장의 신뢰를 잃어서도 안 되지만, '불변의 법칙'과 같은 위치에 올라서도 안 된다. 결국 인간이 내리는 판단의 문제이기 때문에 실수나 오류를 피할 수 없고, 한때 '금과옥조'로 여겼던 총재의 말이 나중에 잘못된 것을 판명된다면 시장의 신뢰가 무너질 수 있기 때문이다. 재임 기간 중에 '통화정책의 마에스트로(거장)' '금융 대통령' 등으로 칭송받았던 앨런 그린스펀 연준 전 의장도 경제의 거품이 일어나는 걸 막지 못해 글로벌 금융위기를 촉발했다는 비판에서 자유스럽지 못한 것을 보면 한은 총재의 말이 '100% 무오류'라는 믿음을 형성시키는 것도 위험한 일이다.

과거에는 총재가 앨런 그린스펀과 같이 모호한 단어와 문장을 사용하는 것이 총재의 말이 '불변의 법칙'이라는 믿음을 주지 않는 방법으로 쓰였다. 그렇지만 점차 중앙은행이 투명하고 분명한 발언으로 시장의 기대를 변화시키는 게 중요하다는 의식이 형성되면서 그 방법이 바뀌었다. 벤 버냉키 연준 의장의 경우처럼 시장에 분명하고 단호한 메시지를 전달하되, 발언을 할 때 몇 가지 전제 조건을 거는 것도 총재의 말이 '불변의 법칙'으로 받아들여지지 않도록 하는 한 방법일 것이다.

총재의 말이 '불변의 법칙'이라는 믿음이 형성되지 않더라도, 그것이 시장을 보는 가장 보편적인 의견이라는 관점이 형성되는 것도 주의해야 한다. 민간의 다양한 관점을 몰아내버리는 결과를 낳을 수 있기 때문이다.

여기에서 케인즈가 들었던 '미인대회'의 비유를 든다면 쉽게 이해할 수 있을 것이다.[7] 케인즈 시대의 미인대회는 심사위원들이 미인을 뽑는 것이 아니라 신문이 100개의 사진을 게재하면 독자들이 투표를 통해 6명의 가장 아름다운 얼굴 사진을 뽑는 식으로 진행됐다고 한다. 그렇다면 어떤 독자가 최고의 미인을 뽑을 수 있을까? 케인즈는 자신이 미인이라고 생각하는 얼굴 사진을 뽑는 것보다는 평균적인 다른 사람이 미인이라고 생각하는 얼굴 사진을 뽑는 것이 가장 유리한 전략이라고 설명하면서 이는 금융시장에도 동일하게 적용된다고 했다. 즉, 투자자가 돈을 벌기 위해서는 자기의 선호대로 투자하는 것보다는 평균적인 다른 투자자가 투자할 것으로 예상되는 자산에 투자하는 게 유리하다는 것이다. 만약 케인즈의 '미인대회' 비유에서 일반적으로 가장 권위 있다고 인정되는 기관에서 어떤 얼굴이 가장 아름답다는 의견을 제시한다면 어떻게 될까? 독자들은 그 기관의 말을 믿고 그 얼굴에 가장 많은 투표를 할 것이다. 중앙은행의 의견도 마찬가지 역할을 할 수 있다는 것이다. 민간 투자자들이 중앙은행의 전망이 가장 보편적으로 받아들여지는 전망이라고 생각한다면 모든 투자

---

7. 『이코노미스트』 2004년 7월 22일자 내용을 참고했다.

자가 그 전망을 받아들이고 독립적인 판단을 유보하게 될 것이라는 것이다.

이렇게 된다면 한은이 시장은 '경제의 거울'이라고 생각할지 모르지만, 실은 시장이 중앙은행 자신의 모습이 비치는 것에 불과할 수 있다. 또 만약 한은의 전망이 잘못됐다면 경제주체의 기대를 잘못된 방향으로 이끌어 경제에 나쁜 영향을 줄 수도 있다.

이런 주장은 제프리 아마토Jeffery Amato, 국제결제은행BIS, Bank for International Settlements 이코노미스트, 스티븐 모리스Stephen Morris 프린스턴대 교수, 신현송 프린스턴대 교수의 공동 연구[8]에 바탕을 둔 것이다. 이들은 연구에서 중앙은행의 커뮤니케이션은 기대를 움직이는 효과를 노리고 한다고 전제하면서 그렇기 때문에 만약 중앙은행의 커뮤니케이션으로 기대가 펀더멘털fundamental과 벗어나는 경우 경제에 악영향을 끼칠 수 있다고 주장했다. 특히 중앙은행의 공적인 전망이 민간의 의견을 구축하면서 시장은 다양한 민간의 판단을 종합하는 기능을 상실하게 될 수 있다고 경고했다. 중앙은행의 공적인 정보는 '양날의 칼'을 갖고 있다는 것이다. 현행 경제 펀더멘털에 대한 정보를 담고 있으면서, 동시에 시장의 의견을 한 점에 모으는 기능을 한다는 것이다. 다양한 의견을 잠재우면서 전망의 쏠림 현상을 만들어 시장의 과잉반응을 이끌 수도 있다.

---

8. Amato, Morris and Shin(2003)

그렇다고 해서 이런 의견이 중앙은행의 투명성을 과거로 되돌려야 하고, 시장을 헷갈리게 하기 위해 모호한 태도를 보여야 한다는 것을 의미하지는 않는다. 중앙은행의 커뮤니케이션 전략이 무엇이지 명확히 해야 한다는 의미로 해석해야 한다. 중앙은행의 커뮤니케이션은 '정보 공개'가 목적이 아니다. '기대 형성'에 영향을 주는 게 목적인 것이다.

이와 관련해서 재닛 옐런 연준 부의장은 최근 다음과 같이 도로 건설 계획의 공표와 금리 결정의 공표가 다른 역할을 한다는 사례를 들어 중앙은행의 커뮤니케이션이 중요하다고 얘기한 적이 있다.[9]

"어느 날 도로를 확장한다는 뉴스는 오늘의 교통 상황을 개선하거나 바꾸지 않는다. 그렇지만 오늘의 통화정책 뉴스가 효과적인 것은 중기적으로 어떤 정책이 나올 것이란 기대를 바꿔주면서 영향을 미치게 된다."

즉, 중앙은행의 커뮤니케이션은 다른 정책 당국들이 하듯이 자신이 하는 일을 단순하게 알리고 공개하는 데 초점이 있는 것이 아니라는 것이다. 청중들의 기대에 영향을 줘서 당장의 행동에 영향을 미치게 하는 목적을 갖고 있다는 의미다. 통화정책의 효과는 일반 대중들

---

9. Yellen(2013)

이 몇 달 후이고, 몇 년 후에 어떤 정책이 펼쳐질지 메시지를 어떻게 수용하느냐에 달려 있다는 것이다. 그런 기대가 어떻게 형성되느냐에 따라 현재 행동을 할지를 결정하게 되기 때문이다.

중앙은행 커뮤니케이션의 목적이 기대에 영향을 미치는 것이라고 한다면, 무조건적인 통화정책 결정 과정 공개는 잘못하면 혼돈된 신호를 줄 수 있어 통화정책의 실현에 방해가 될 수도 있다. 예컨대 금통위의 논의 내용이 그대로 모두 공개된다면 아무런 금통위원도 솔직하게 얘기하지 않으려고 할 것이다. 최근 금통위가 의례적인 연설의 장으로 바뀐 것도 그 때문이다. 물론 금통위원 한 명, 한 명이 자신의 관점에 대해 자신이 있다면 얘기가 달라지겠지만, 그렇지 않은 경우가 많기 때문일 것이다. 오히려 금통위원들은 금통위 하루 전에 열리는 동향보고회의에서 허심탄회하게 얘기한다고 한다. 그 내용은 공개되지 않기 때문이다. ECB가 통화정책회의 내용을 공개하지 않는 것도 그런 이유가 있다. ECB 통화정책회의에 참가하는 위원들은 각국 중앙은행 총재들이다. 그렇기 때문에 발언 내용이 공개된다면 각국의 이해에 바탕을 둔 발언을 하게 될 우려가 있기 때문이다.

여기서 다시 한번 확인할 것은 중앙은행의 커뮤니케이션의 목적은 '정보 공개'가 목적이 아니다. '기대 형성'에 영향을 주는 게 목적이라는 것이다.

바람직한 한국은행의 미디어 커뮤니케이션

앞에서 사례 분석 등을 통해서 제시했던 바람직한 한은의 미디어 커뮤니케이션 방법에 대해서 다음과 같이 정리해보고자 한다.

첫째, 커뮤니케이션의 목적을 분명히 하라.

한은의 성공적인 미디어 커뮤니케이션을 위해서는 목적이 무엇인지 분명하게 알 필요가 있다. 왜냐하면 그 목적은 단순한 '정보 공개'가 아니기 때문이다. 일반 대중과 시장에 한은의 통화정책이 잘 반영되는 '기대를 형성'하는 게 목적이라는 것을 분명하게 해야 한다. 일반 대중과 시장이 중앙은행이 원하는 기대를 형성하도록 유도해야 하고, 과도한 쏠림 현상은 방지해야 한다.

이런 목적에 입각해서 효율적이고 도전적인 접근이 필요하다. 누가 청중이고, 청중에게 다가기기 위한 도구vehicle가 무엇인지 규정해야 하고, 분명한 메시지를 반복해서 전달해야 한다. 일반 대중은 일차적으로 주어진 메시지를 나름대로 해석하는 과정을 통해 기대를 형성하기 때문에 일회성 메시지나 엇갈리는 신호 등은 일반 대중이 제대로 된 기대를 형성하는 것을 방해하기 때문이다.

둘째, 분명하고 정확한 신호를 보내라.

모호한 화법은 시장에 혼선을 가져오고 시장의 변동성만 키울 수 있다. 예를 들어 2013년 초에 실제 소비자물가상승률은 1.5% 내외인

데, 일반인의 기대인플레이션은 3% 초반을 기록했다. 이 같은 격차
는 그동안 얼마나 한은이 일반인의 기대 형성에 기여를 하지 못했느
냐를 방증하는 것이다. 아무리 한은이 '물가 안정'을 외쳤다고 주장하
거나, 실제 인플레이션율이 낮아도 일반인들은 3% 이상의 물가 상승
이 있을 것이라는 기대를 한다는 뜻이기 때문이다. '물가 안정'이 한
국은행법상 최우선 목표로 주어져 있다면, 그것에 충실하다는 의도
를 분명하게 메시지화해서 보낼 필요가 있다. 가장 강력한 신호는 필
요할 때 단호하게 금리를 인상하는 것이겠지만, 아쉽게도 한은이 금
리 조정을 하는 경우는 매우 드문 경우다. 그렇다면 총재 기자회견,
강연회 등의 기회를 활용해서 정확한 신호를 보낼 필요가 있다. 어느
날은 '물가 안정'을 외치다, 다음날은 '경제 구조 개혁'이 필요하다는
메시지를 갑자기 들고 나와서는 일반 대중이나 시장이 전혀 메시지를
이해 못할 가능성이 높다. 물가 목표(2.5~3.5%, 중심선은 3%) 달성을
중요시 여긴다면, 이를 기자 등 미디어 종사자들이 한은이 얼마나 이
를 중요하게 여기는지 인식하도록 하고 다시 금융시장 참가자와 일반
대중이 이런 사실을 인식하도록 해야 한다. 이것은 말처럼 쉬운 일은
아니다. 또 한번의 선언으로도 가능한 일이 아니다. 앞으로 한은이
더욱 노력해야 할 지점이다.

한편 총재 발언의 분명함이 곧 영구히 변하지 않는 것을 의미하
는 것은 아니라는 것도 확실히 해야 한다. 그렇다고 모호한 발언을
하라는 의미는 아니다. 분명하고 정확한 메시지를 보내되, 조건을 걸

어 한은의 말이 '불변의 법칙' 취급을 받도록 하지 말라는 것이다.

셋째, 일반 대중과 시장의 신뢰를 구축하라.

한은의 말에 대한 신뢰가 중요하다. 신뢰가 없다면 한은의 메시지와 신호를 일반 대중이나 시장 참가자들이 믿지 않을 것이고, 결국은 커뮤니케이션 효과가 발휘되지 않을 것이다. 가장 최근의 예로 2013년 4월 금리를 동결했지만 시장금리가 기준금리를 밑도는 현상이 몇 개월간 계속된 것이다. 이에 대해 김중수 총재는 4월 25일 국회 업무보고에 나와 "(일반 대중과 시장에) 잘못된 신호를 준 적이 없지만, 시장이 저를 믿지 않았다"라는 발언을 했다. 총재가 시장이 자신의 말을 믿지 않는다고 할 정도로 시장의 신뢰가 떨어진 데는 한은의 책임도 상당 부분 있을 것이다. 이는 한은이 시장의 신뢰를 받아야 커뮤니케이션 효과가 발휘된다는 것의 반대 사례로도 이해할 수 있는 대목이다. 시장이 총재의 말을 믿도록 총재가 커뮤니케이션 전략을 세우고 접근해야 통화정책의 커뮤니케이션 효과가 효율적으로 나타날 것이다.

한은이 신뢰를 받기 위해서는 과거 커뮤니케이션 사례를 분석해서 해야 할 일과 하지 말아야 할 일을 분명히 해야 한다. 또 충격효과를 최소화해야 한다. 통화정책 방향에 대한 이해를 사전에 일반 대중과 시장 참가자들에게 구해야 한다. 그리고 한번 구축된 신뢰는 쉽게 허물지 말아야 한다. FT의 칼럼니스트 마틴 울프는 2013년 4월 17일 '어떻게 중앙은행이 디플레이션을 이기는가'라는 칼럼에서 선진국들이 디플레이션의 수렁에 빠지지 않는 이유로 인플레이션 타깃팅의 결과, 인플레이션이 안정적으로 유지되고 있다는 사실을 든다. 기대인플레이션이 안정화돼 있기 때문에 디플레이션에 빠지지 않는 경기 부양책을 실시할 여지가 있다는 것이다. 이는 과거 중앙은행이 '인플레이션 파이터'로서의 신뢰를 받지 않았다면 불가능한 일이다.

넷째, 통화정책 신호에 대한 잡음을 최소화하라.

일반 대중과 시장의 기대에 충격을 주지 않기 위해서는 한은이 일반 대중과 시장에 보내는 통화정책 신호가 엇갈리지 않아야 한다. 이는 우선 한은이 일관성이 있어야 한다는 것을 뜻한다. '물가 안정'이 최우선의 목표라면 일관성 있게 '물가 안정'의 중요성을 주장해야 한다. 갑자기 '성장'이 최우선적으로 중요하다는 메시지를 보내서는 안 된다는 것이다.

다음으로 정부와의 관계에서 혼선을 보여서는 안 된다. '중앙은행의 독립성'이라는 것은 크게 봐서 '목표 독립성'과 '수단 독립성'이 있다. '목표 독립성'이란 중앙은행이 통화정책의 목표(즉, 물가 안정이냐 성장이냐)까지 의회와 정부에서 독립적으로 설정한다는 것이고, '수단 독립성'은 의회, 정부와 설정한 목표 아래에서 어떤 수단으로 정책을 수행할지 중앙은행이 독립적으로 결정한다는 것이다. 그런데 많은 한은 관계자들이 이 '중앙은행 독립성'에 대해서 이 같은 적어도 두 가지 독립성의 개념이 있다는 것을 알지 못하고 '한은 독립성'은 '절대적인 독립성'을 의미한다고 오해하고 있는 듯하다. 특히 2008년 글로벌 금융위기 이후 각국의 의회, 정부, 중앙은행은 긴밀한 협조 관계를 유지하면서 위기 극복에 매진하고 있다. 한은도 국회, 정부와의 관계를 부드럽게 관리할 필요가 있다. 1998년 한은 개정 전까지만 해도 한은은 '재무부의 남대문 출장소'라고 불릴 정도로 독립성이 없었다. 그렇지만 법 개정 이후 많은 것이 변했다. 글로벌 금융위기 극복 과정에서 '돈줄'은 한은밖에 없다는 것이 증명됐다. 은행자본확충펀드니 채권안정펀드 등은 결국 한은의 돈에 의존을 해야 했다.[10] 정부가 위기 극복을 위해 일하려고 재정 정책을 확대하려고 해도 국회를 설득해야 하기 때문에 시간이 오래 걸린다. 그리고 재정 건전성을 훼손할 수 없다는 명분 때문에 제약도 많다. 그래서 당장 금고에서 돈을 꺼내 쓸 수 있는 한은에 의존할 수밖에 없었던 것이다. 그 정도로 '힘 있는' 한은이 된 만큼 국회, 정부와의 관계도 매끄럽게 해 나갈 필요가 있다.

다만 잡음을 최소화하라는 것이지, 잡음을 없애라는 말은 아니다. 차이가 있다면 차이를 분명하게 밝힐 필요가 있다.

다섯째, 신호를 반복해서 보내라.

앞에서 언급했지만 반복은 커뮤니케이션에서 중요한 위치를 차지하고 있다. 한은이 커뮤니케이션 하는 대상은 크게 두 부류라고 할

---

10. 글로벌 금융위기 당시인 2008년 11월 한은은 채권안정펀드에 최대 5조 원, 2009년 3월 은행자본확충펀드에 최대 10조원을 지원하기로 했다고 발표했다. 각 펀드 조성 예상액의 절반에 해당하는 금액을 한은이 자금을 대기로 한 것이다.

수 있다. 우선 금융시장 참가자와 경제 전문가들은 한은이 발표하는 각종 경제 지표와 금통위 의사록에 영향을 받는다. 일반 대중과 정치인은 한은의 발표문과 한은 총재의 말 속에 나오는 이야기words와 큰 그림big picture에 더 큰 관심을 갖는다. 그리고 통화정책의 큰 흐름에 관심이 많다. 이들은 실업률과 인플레이션의 관계를 나타내는 필립스 곡선에는 관심이 없지만 주택담보대출금리가 올라갈 것인가 내려갈 것인가에는 관심이 높다. 일반 대중은 일차적으로는 주어진 메시지에 점차 적응하는 방식으로 정보를 처리하기 때문에 한 번 말했다고 모두 기억하는 것은 아니다. 또 일반 대중의 일부만이 미디어를 접촉한다. 그래서 정보의 확산을 위해서는 반복해서 신호를 보내라는 것이다.

물론 청중은 달라도 메시지는 일관성 있게 반복해서 전달해야 한다. 엇갈리는 메시지가 반복해서 나온다면 메시지를 아예 보내지 아니한 만 못하다.

1993년 저자는 '93행번'(93년에 입사한 신입 행원을 가리키는 말)으로 한국은행에 사회에 첫발을 내딛었다. 그 후 3년 만에 한은을 떠났다. 그리고 나서 벤처업계에 뛰어들어보기도 하고, 학업에 뜻을 둬보기도 했다. 해외 사업을 개척한다고 말레이시아까지 나가보기도 했고, 중국을 공부한다며 중국 대륙을 헤집고 다녀보기도 했다. 그렇지만 어릴 때부터 글을 쓰는 것을 좋아했던 저자는 '글 쓰는 직업'을 찾다가 2000년부터 조선일보에서 기자의 길을 걷고 있다. 조선일보에서는 다양한 출입처를 맡아봤지만 한편으론 한은을 여러 번 출입하게 돼 첫 직장으로 맺어진 한은과의 인연을 이어갔다.

그런데 한은에 입행한 지 20년이 지난 올해 중앙은행 통화정책의 미디어 커뮤니케이션에 관한 책을 쓰다니 한은과 저자는 정말 끈끈한 인연으로 얽혀 있는 게 분명한 것 같다.

통화정책의 미디어 커뮤니케이션에 대한 관심을 갖게 된 것은 박사 학위 논문을 준비하면서부터였다. 2009년 봄 박사 과정 첫 학기를 위해 한양대 교정을 들어섰을 때만 해도 학위 논문까지 무사히 마칠 수 있을지를 자신하지 못했다. 직장 생활과 학업을 병행한다는 것은 말처럼 쉽지 않은 일이었다. 신문 기자들의 유일한 휴일인 토요일 하루 쉬는 날(신문 기자들은 월요일자 신문이 발행되기 때문에 일요일에도 근무한다)에 강의를 들으러 먼 길을 왔다갔다해야 했고, 주중 업무 시간에 바빠 준비할 수 없는 과제물들은 항상 일주일 전에 시간을 내서 마쳐야 했다. 2년 만에 마칠 수 있도록 설계된 코스워크(수업과정)는 6개월을 더 다니고서야 겨우 마칠 수 있었다.

논문 준비 과정도 쉽지는 않았다. 무엇보다 주제를 잡는 게 어려웠다. 처음엔 '글로벌 임밸런스'의 결정요인에 대해 분석해보고자 했다. 하지만 이미 많은 학자들이 그에 대해 분석을 해놓았기 때문에 기존 연구에 부가가치를 더 올린다는 것은 힘든 일이었다.

지도교수인 하준경 한양대 교수는 남들이 하지 않았던 연구 분야를 찾아보라는 조언을 했다. 지도교수와 많은 토론을 하면서 찾아낸 분야가 통화정책의 공시 효과와 관련된 주제였다. 또 기자로 재직하는 만큼 공시 효과가 미디어를 통해서 어떻게 나타나는지 분석해보자는 연구 아이디어도 덧붙여졌다.

이미 통화정책이 발표되었을 때 주식, 채권 시장에 미치는 영향에 대해서는 국내에서도 많은 연구가 진행돼 있었다. 그러나 통화정책이 미디어를 거쳐 일반 대중(혹은 기대 인플레이션)까지 전달되는 경로에 대해서는 국내에서 연구가 일천했다. 외국에서도 유로를 사용하는 17개 국가들의 통화정책을 담당하는 ECB를 중심으로 연구가 초보적으로 진행되고 있었다. ECB는 관할하는 나라들마다 미디어 커뮤니케이션을 할 때 수용하는 강도가 다를 것이란 인식이 있었기 때문에 이 분야에 대한 연구를 선도적으로 진행하고 있었다. 이 정도 기초적인 내용이 나오자 "해볼 만하다"는 생각이 들었다.

그래서 세 개의 에세이로 구성된 박사 논문의 주제가 '통화정책과 글로벌 임밸런스에 관한 연구'로 결정됐고 두 개의 에세이는 통화정책의 미디어 커뮤니케이션에 관한 내용으로 하기로 했으며 나머지 한 개의 에세이는 원래 준비하던 글로벌 임밸런스에 관한 연구를 기존의 시각과는 다른 차원에서 접근해서 논문을 완성하기로 했다. 일단 주제가 잡히자 논문 작업은 속도가 났다. 박사 논문 준비 중에 학술지에 투고했던 소논문이 편집위원회를 통과했다는 희소식도 날라 왔다.

모든 힘든 과정을 참고 이겨내 박사 학위 논문을 마무리하는 일은 주변의 격려가 없었다면 불가능했을 일이다. 심사위원장을 맡아 논문이 나아가야 할 방향을 잡아 주시고 격려의 말씀을 아끼지 않은 강임호 한양대 교수와 지도교수인 하준경 교수, 그리고 심사위원을 맡아주신 황영진 한양대 교수, 주동헌 한양대 교수, 강경훈 동국대 교수께 감사드린다.

박사 학위 논문이 심사위원회를 통과하고 나니, 그간 논문 작성을 위해 수집했던 자료들이 모두 학위 논문에 반영되지 않았다는 게 마음속에 남았다. 그리고 실제 논문에서는 미국 연방준비제도, 유럽 중앙은행, 영국중앙은행, 일본은행 등 글로벌 경제 현장에서 돌아가는 생생한 얘기들을 모두 담기 어려웠다. 그래서 박사 학위 논문을 읽게 쉽게 보완하고 그간 통화정책과 미디어 커뮤니케이션에 대해 연구한 내용들을 추가해서 한 권의 책으로 엮어야겠다는 생각이 들었다. 그렇게 해서 탄생한 것이 이 한 권의 책이다.

이 책이 통화정책과 미디어 커뮤니케이션의 모든 것을 담았다고 말하기에는 부끄럽다. 다만 이 책이 우리나라에서도 통화정책과 미디어 커뮤니케이션에 대한 관심을 불러일으키는 역할을 했으면 하는 바람이다.

비록 저자가 김명호 전 한은 총재, 이경식 전 총재 때 한국은행에 재직했고, 박승 전 총재, 이성태 전 총재, 김중수 현 총재에 이르기까지 한은을 출입하기는 했지만 연속으로 길게 출입한 적은 없어 한은의 커뮤니케이션에 대해 모든 것을 알고 있다고 얘기할 수는 없다. 어쩌면 단편적인 면만 보고 한은의 미디어 커뮤니케이션을 평가했을 수도 있다. 또 저자의 지식이 한정돼 있다는 것도 한계점이다. 그렇지만 이런 한계가 있음에도 용감하게 이 책을 발간하는 이유는 누군가 우리나라에 중앙은행의 미디어 커뮤니케이션을 고민할 필요성에 대해 화두를 던질 필요가 있다고 생각했기 때문이다. 만약 미흡한 점이 있다면 저자의 공부가 아직 부족하기 때문일 것이다.

이 책이 세상에 빛을 볼 수 있도록 지원해 준 언론재단 관계자 여러분에게 감사드린다.

방상훈 사장과 회사 선후배 동료들에게 감사의 마음을 전하고 싶다. 홍준호 전 편집국장, 양상훈 전 편집국장, 강효상 편집국장, 윤영신 전 경제부장, 이지훈 전 경제부장, 박종세 경제부장께 감사드린다.

일본에 살면서도 한국을 방문할 때마다 연구의 진척 상황을 물어봐 주던 이강국 리츠메이칸대 교수, 항상 관심을 두고 중간 진행 상황을 점검해 저자를 긴장하게 만들어 준 강성빈 상무, 강용운 이사, 손주형 과장, 최용석 교수 등 친구들에게도 감사한다. 계량 분석 방법을 고민할 때 도움을 줬던 한국은행의 최창호 후배에게도 감사한다.

마지막으로 가족들에게 감사의 말을 하고 싶다. 학업과 저술 작업을 위해 하루 쉬는 토요일마저 반납한 남편을 이해해 준 아내 장선애에게 감사한다. 민솔이와 진솔이에게는 주말에 아버지가 놀아주지 못해서 미안하다는 말을 하고 싶다. 물심양면으로 도와주신 아버님, 어머님, 장인어른, 장모님께도 감사드린다.

여기에 일일이 거명하지는 못했지만 이 책이 나오기까지 도와주신 모든 분들께 감사하다는 말을 전하고 싶다.

참고문헌

김무성, '통화정책과 시장의 기대: VKOSPI를 중심으로', 『금융공학연구』 제9권
　　제4호, 2010, pp. 145-165.

김병화, 『중앙은행과 통화정책』, 학민사, 2012.

김양우 강태수, '통화정책 신호효과의 유효성', 『금융연구』 제16권 2호, 2002,
　　pp. 155-184.

방현철 하준경, '통화정책과 커뮤니케이션: 금통위의 의사결정이 미디어의 금리
　　결정 보도에 미치는 영향', 『금융연구』 제27권 1호, 2013, pp. 71-101.

배상근, '정책금리에 대한 의견개진의 효과 분석', 연구 05-08, 한국경제연구원,
　　2005.

선정훈 정익준, '통화정책 뉴스가 주가에 미치는 영향', 『금융경제연구』 제140호,
　　2002, pp. 1-28.

손욱 성병묵 권효성, '통화정책 발언과 금융시장의 반응', 『경제분석』 제11권 제
　　4호, 2005, pp. 1-44.

손욱 엄윤성, '통화정책과 주식시장: 일중거래자료 분석', 『경제분석』 제12권 제
　　3호, 2006, pp. 38-78.

앨런 그린스펀, 『격동의 시대The Age of Turbulence』, 북앳북스, 2007.

오영길 이환석 강영관, '각국 기대인플레이션의 특징', BOK 경제리뷰 No. 2012-9, 한국은행, 2012.

유만식, '한국의 금리정책 공시효과', 『경제분석』 제8권 제2호, 한국은행 경제연구원, 2002, pp. 25-55.

이성태, '제2차 SEACEN-BOJ 워크숍 개회사', 한국은행, 2006.

이정익, '우리나라 기대인플레이션의 특징', BOK 경제리뷰 No. 2012-1, 한국은행, 2012

이완수, '한국 경제뉴스의 속성 프레임효과 연구', 『언론과 사회』 15권 1호, 2007, pp. 86-122.

이완수 심재철 박양수, '경제뉴스, 경제상황, 소비자기대심리 그리고 소비행위의 상호 속성 의제설정 관계에 대한 시계열 분석', 『한국언론학보』 51권 4호, 2007, pp. 280-307.

한국은행, 『우리나라의 통화정책』, 한국은행, 2005.

황인선, '글로벌 금융위기 이후 연준의 통화정책', 업무참고자료 2012-4, 2012, 한국은행.

황인태 조인영, '콜금리의 공시효과에 대한 실증연구 - 금융기관을 중심으로', 한국전산회계학회 춘계학술발표대회 발표논문, 2007.

Alesina A. and L. Summers, 'Central Bank Independence and Macroeconomic Performance', Journal of Money, Credit and Banking, Vol. 25, 1993, pp. 157-162.

Amato J., S. Morris and H.S. Shin, 'Communication and Monetary Policy', BIS Working Papers No. 123, Bank for International Settlements, 2003.

Badarinza C. and M. Buchmann, 'Inflation Perceptions and Expectations in the Euro Area, the Role of News', Working Paper Series 1088, European Central Bank, 2009.

Bartolini, Leonardo and Prati, Allesandro, 'The Execution of Monetary Policy: A Tale of Two Central Banks,' FRB New York Staff Report No. 165, 2003.

Berger Helge, M. Ehrmann and M. Fratzscher, 'Monetary Policy in the Media', Working Paper Series 679, European Central Bank, 2006.

Bernanke Ben, 'Fedspeak', Remarks at the meeting of the American Economic Association, San Diego, available at http://www.federalreserve.gov/boarddocs/speeches/2004/200401032/default.htm, 2004.

Bernanke Ben and K. N. Kuttner, 'What Explains the Stock Market's Reaction to Federal Reserve Policy?', The Journal of Finance 60(3), 2005, pp. 1221-1257.

Bernanke Ben, 'The Economic Outlook and Monetary Policy', Speech held at the Bond Market Association Annual Meeting, available at http://www.federalreserve.gov/boarddocs/speeches/2004/200404232/default.htm, 2004.

Blinder A. S., 'The Quiet Revolution: Central Banking Goes Modern', Yale University Press, New Haven, 2004

Blinder A. S., M. Ehrmann, M. Fratzscher, J. de Haan and D. J. Jansen, 'Central Bank Communication and Monetary Policy-A Survey of Theory and Evidence', Working Paper Series 898, European Central Bank, 2008.

Blinder A. S. and Charles Wyplosz, 'Central Bank Talk: Committee Structure and Communication Policy', prepared for the session 'Central Bank Communication' at the ASSA meetings, 2004.

Böhm Jiří, P. Král and B. Saxa, 'Perception is Always Right: The CNB's Monetary Policy in the Media', Czech National Bank Working Paper

CNB WP 10/2009, Czech National Bank, 2009.

Brunner Karl, 'The Art of Central Banking' Center for Research in Government Policy and Business, University of Rochester, Working Paper GPB 81-6, 1981.

Carroll C., 'Macroeconomic Expectations of Households and Professional Forecasters', The Quarterly Journal of Economics Vol. 118 No. 1, 2003, pp. 269-298.

Cukierman, Alex and Allan Meltzer, 'A Theory of Ambiguity, Credibility and Inflation under Discretion and Asymmetric Information' Econometrica 54(4), 1986, pp. 1099-1128.

Cukierman, Alex, 'The Limits of Transparency', presented at the session on 'Monetary Policy Transparency and Effectiveness' at the January 2006 Meeting of the American Economic Association, 2005.

DellaVigna S., 'Psychology and Economics: Evidence from the Field', Journal of Economic Literature Vol. 47(2), 2009, pp. 315-372.

Ehrmann M. and M. Fratzscher, 'Explaining Monetary Policy in Press Conferences', International Journal of Central Banking Vol. 5(2), 2009, pp. 42-84.

Evans C., 'Monetary Policy in Challenging Times', Speech at C.D. Howe Institute, 2012.

Evans C., 'The Fed's Dual Mandate Responsibilities and Challenges Facing U.S. Monetary Policy', Speech at European Economics and Financial Centre Distinguished Speaker Seminar, 2011.

Evans, G. W. and Seppo Honkapohja, Learning and Expectations in Macroeconomics, Princeton University Press, 2001.

Faust J and Lars E. O. Svensson, 'Transparency and credibility: Monetary policy with unobservable goals', International Economic Review Vol.

42 No. 2, 2001, pp. 369-397.

Fogarty, Brian, 'Determining Economic News Coverage', International Journal of Public Opinion Research 17(2), 2005, pp. 149-172.

Gagnon J., M. Raskin, J. Remache and B. Sack, 'The Financial Market Effects of the Federal Reserve's Large-Scale Asset Purchases', International Journal of Central Banking 7(1), 2011, pp. 3-43.

Glick R. and S. Leduc, 'Central Bank Announcements of Asset Purchases and the Impact on Global Financial and Commodity Markets', Working Paper Series 2011-30, Federal Reserve Bank of San Francisco, 2011.

Haan J. de and Fabian Amtenbrink, 'A Non-Transparent European Central Bank? Who is to blame?', available at ssrn.com/abstract=1138224, 2003.

Haan J. de, F. Amtenbrink and S. Waller, 'The Transparency and Credibility of the European Central Bank', Journal of Common Market Studies 42(4), 2004, pp. 775-794.

Haan J. de, S. Eijffinger and K. Rybinski, 'Central bank transparency and central bank communication', European Journal of Political Economy 23, 2007, pp. 1-8.

Hardy D. C., 'Anticipation and Surprises in Central Bank Interest Rate Policy: The Case of the Bundesbank', IMF Staff Papers Vol. 45 No. 4, 1998.

Hayo, Bernd, A. M. Kutan and M. Neuenkirch, 'Communicating with Many Tongues: FOMC Communication, Media Coverage, and U.S. Financial Market Reaction' MAGKS Joint Discussion Paper Series in Economics 08-2008, 2008.

Hayo, Bernd and M. Neuenkirch, 'Bank of Canada Communication,

Media Coverage, and Financial Market Reactions', MAGKS Joint Discussion Paper Series in Economics 20−2010, 2010.

Issing, Otmar, 'Communication, Transparency, Accountability: Monetary Policy in the Twenty−First Centrry', Review(Federal Reserve Bank of St. Louis) 87 (2, Part 1), 2005, pp. 65−83.

Ju, Youngkee, 'The Asymmetry in Economic News Coverage and its Impact on Public Perception in South Korea', International Journal of Public Opinion Research Vol. 20 No. 2, 2008, pp. 237−249.

Jung, Alexander, 'The ECB's Communication Strategy and its Implementations', presented at the financial market seminar of the Bank of Korea, 2012.

Kuttner K. N. and A. S. Posen, 'Do Markets Care Who Chairs the Central Bank?', NBER Working Paper, No. 13101, 2007.

Lambert R., 'Central Bank Communication: Best Practices in Advanced Economies', presented at the IMF sponsored regional seminar on Central Bank Communications in Mumbai,, 2006.

Lamla M. J. and S. M. Lein, 'The Role of Media for Consumers' Inflation Expectation Formation, KOF Working papers 09−223(updated version), KOF Swiss Economic Institute, ETH Zurich, 2012.

Lomax R., 'Inflation Targeting in Practices: Models, Forecasts and Hunches', presented at the 59th International Atlantic Economic Conference in London, 2005.

Maag, T. and M. J. Lamla, 'The Role of Media for Inflation Forecast Disagreement of Households and Professionals', KOF Working papers 09−223, KOF Swiss Economic Institute, ETH Zurich, 2009.

Mankiw, N. G. and R. Reis, 'Sticky Information versus Sticky Prices: A Proposal to Replace the New Keynesian Phillips Curve', The

Quarterly Journal of Economics Vol. 117 No. 4, 2002, pp. 1295-1328.

Maslowska, A. and M. Palmu, 'Does surprise really matter? Unexpected central banks events and their effect on financial market', presented at 16th International Conference on Macroeconomy and International Finance, 2012.

Mishkin, F. S., 'The Channels of Monetary Transmission: Lessons for Monetary Policy', NBER Working Paper, No. 5464, 1996.

Mishkin, F. S., 'Monetary Policy Strategy: Lessons from the Crisis', NBER Working Paper, No. 16755, 2011.

King, Mervyn, 'Monetary Policy: Practice Ahead of Theory', 2005 Mais Lecture, delivered at Cass Business School, London, available at http://www.bankofengland.co.uk/publications/Documents/speeches/2005/speech245.pdf, 2005.

Orpahnides A. and John C. Williams, 'Imperfect Knowledge, Inflation Expectations, and Monetary Policy', NBER Working Paper, No. 9884, 2003.

Reid M., 'Inflation Expectations of the Inattentive General Public', Working Papers 278, Economic Research Southern Africa, 2012.

Reid M. and S. D. Plessis, 'Talking to the inattentive Public: How the media translates the Reserve Bank's communications', Stellenbosch Economic Working Papers 19/11, 2011.

Riffe, Dan S. Lacy and F. G. Fico, Analyzing Media Messages: Using Quantitative Content Analysis in Research, Lawrence Erlbaum Associates, 2005.

Sims C. A., 'Implications of rational inattention', Journal of Monetary Economics 50, 2003, pp. 665-690.

Sumner S., 'Re-Targeting the Fed', National Affairs, fall, 2011, pp. 79-96.

Woodford Michael, 'Methods of Policy Accommodation at the Interest-Rate Lower Bound' presented at the Jackson Hole Symposium, 2012.

Woodford Michael, 'Central Bank Communication and Policy Effectiveness', In The Greenspan Era: Lessons for the Future Symposium, Federal Reserve Bank of Kansas City, 2005, pp. 399-474.

Yellen J., 'Communication in Monetary Policy', Speech at the Society of American Business Editors and Writers 50th Anniversary Conference, available at http://www.federalreserve.gov/newsevents/speech/yellen20130404a.htm, 2013.

Yellen J., 'Revolution and Evolution in Central Bank Communications', Speech at the Haas School of Business, University of California, Berkeley, available at http://www.federalreserve.gov/newsevents/speech/yellen20121113a.htm, 2012.

Yellen J., 'Unconventional Monetary Policy and Central Bank Communications', Speech at the U.S. Monetary Policy Forum, available at http://www.federalreserve.gov/newsevents/speech/yellen20110225a.htm, 2011.

중앙은행의
결정적
한마디

ⓒ방현철 2013

초판 인쇄   2013년 9월 11일
초판 발행   2013년 9월 23일

지은이   방현철
펴낸이   김승욱
편집   김승관 부수정 한지완
디자인   김선미 문성미
마케팅   이숙재
온라인마케팅 김희숙 김상만 이원주 한수진
제작   김애진 임현식 김동욱

펴낸곳   이콘출판(주)
출판등록   2003년 3월 12일 제406-2003-059호

주소   413-120 경기도 파주시 회동길 216
전자우편   book@econbook.com
전화   031-955-7979
팩스   031-955-8855

ISBN 978-89-97453-15-3 03320

＊이 도서의 국립중앙도서관 출판시도서목록(CIP)은 e-CIP 홈페이지(http://www.nl.go.kr/ecip)와 국가자료공동목록시스템(http://www.nl.go.kr/kolisnet)에서 이용하실 수 있습니다. (CIP제어번호: CIP2013017062)